BestMasters

Mit **„BestMasters“** zeichnet Springer die besten Masterarbeiten aus, die an renommierten Hochschulen in Deutschland, Österreich und der Schweiz entstanden sind. Die mit Höchstnote ausgezeichneten Arbeiten wurden durch Gutachter zur Veröffentlichung empfohlen und behandeln aktuelle Themen aus unterschiedlichen Fachgebieten der Naturwissenschaften, Psychologie, Technik und Wirtschaftswissenschaften. Die Reihe wendet sich an Praktiker und Wissenschaftler gleichermaßen und soll insbesondere auch Nachwuchswissenschaftlern Orientierung geben.

Springer awards **“BestMasters”** to the best master’s theses which have been completed at renowned Universities in Germany, Austria, and Switzerland. The studies received highest marks and were recommended for publication by supervisors. They address current issues from various fields of research in natural sciences, psychology, technology, and economics. The series addresses practitioners as well as scientists and, in particular, offers guidance for early stage researchers.

Weitere Bände in der Reihe http://www.springer.com/series/13198

Heinz-Jörg Reichmann

Vertriebserfolg durch kundenzentrierte Kommunikation

Darstellung und empirische Analyse im Filialvertrieb am Beispiel verschiedener Sparkassen

Springer Gabler

Heinz-Jörg Reichmann
Attendorn, Deutschland

ISSN 2625-3577 ISSN 2625-3615 (electronic)
BestMasters
ISBN 978-3-658-25741-5 ISBN 978-3-658-25742-2 (eBook)
https://doi.org/10.1007/978-3-658-25742-2

Die Deutsche Nationalbibliothek verzeichnet diese Publikation in der Deutschen Nationalbibliografie; detaillierte bibliografische Daten sind im Internet über http://dnb.d-nb.de abrufbar.

Springer Gabler

Springer Gabler ist ein Imprint der eingetragenen Gesellschaft Springer Fachmedien Wiesbaden GmbH und ist ein Teil von Springer Nature
Die Anschrift der Gesellschaft ist: Abraham-Lincoln-Str. 46, 65189 Wiesbaden, Germany

Vorwort

Die Finanzdienstleistungsbranche ist in den vergangenen Jahren intensiv in Bewegung geraten. Die zunehmende Globalisierung und Vernetzung der Märkte, die gestiegene Technisierung unter anderem durch digitale Angebote von Start-Up-Firmen im Internet, der politische Druck und die regulatorischen Auswirkungen in Folge der Finanzmarkt- und sich anschließenden Wirtschaftskrise sind auch an den traditionellen Banken, Volksbanken und Sparkassen nicht spurlos vorbeigegangen. Die Geschäftsmodelle dieser Banken, dem sogenannten Drei-Säulen-System der deutschen Bankwirtschaft, erfahren insbesondere in den letzten zehn bis fünfzehn Jahren eine radikalere Überprüfung und Weiterentwicklung als je zuvor. Die damit verbundenen strategischen und personellen Herausforderungen wandeln sich stark, insbesondere die Notwendigkeit, den direkten Kundenkontakt weiter zu individualisieren und zu professionalisieren.

Mit Blick auf die persönliche Beratung als das Kerngeschäft der Banken stellt sich aus kommunikationswissenschaftlicher Sicht die Frage, ob es möglich ist, eine Differenzierung in der direkten Kunden-Berater-Kommunikation zu identifizieren, die sich in erfolgreiche und weniger oder nicht erfolgreiche Kommunikation unterscheiden lässt. Die vorliegende Masterarbeit des Weiterbildungsmasters Speech Communication and Rhetoric an der Universität Regensburg befasst sich mit diesem Thema am Beispiel von Kundenberatenden im Filialvertrieb von Sparkassen. Heinz-Jörg Reichmann untersucht in einer quantitativ-empirischen Studie die Wirkungsweise kundenzentrierter Beratung im Hinblick auf den individuellen Geschäftserfolg der Kundenberatenden.

Im Zentrum der Untersuchung stehen die Rollenanforderungen und die Grundhaltungen von Kundenberatenden, insbesondere ihr Gesprächsverhalten und die Anwendungen ausgewählter Gesprächstechniken in der Analysephase von Beratungsgesprächen. Die Grundlage bilden Elemente kooperativer Kommunikation u. a. nach Rogers, Watzlawick und Bartsch. Die Frage wird geklärt, inwieweit das Beraterverhalten den Geschäftserfolg der Sparkasse beeinflusst.

Aus den Erkenntnissen sollen unter anderem Implikationen zur Auswahl von Kundenberatenden und die Weiterentwicklung von deren kommunikativen Kompetenzen gewonnen werden, um die qualitativen Aspekte in der Kunden-Berater-Kommunikation weiter zu optimieren. Das Ziel ist die Erhöhung der Kundenloyalität und die Weiterentwicklung und Festigung der persönlichen Beratung als ein Kernbereich des Geschäftsmodells der Sparkassen. Die Ziele sowohl in der Personalakquise als auch in der Personalentwicklung müssen die kommunikativen Fähigkeiten und Fertigkeiten der Bewerber und die bestehender MitarbeiterInnen stärker fokussieren, um den zukünftigen Anforderungen an die Branche gerecht zu werden.

Kundinnen und Kunden profitieren insbesondere von der Weiterentwicklung kommunikativer Kompetenzen von Kundenberatenden in Banken und Sparkassen, da eine stärker kundenzentrierte Kommunikation intensiver als bisher die Wünsche und Bedürfnisse der Kundinnen und Kunden ins Zentrum ihrer Betrachtungen setzt und am Ende möglicherweise besser passende Finanzdienstleistungsprodukte ausgewählt werden können. Dies führt zu einer Win-win-Situation: zu mehr Kundenzufriedenheit und zu einem verstärkten Vertrauen in die Finanzdienstleistungsbranche.

Darüber hinaus sind die Erkenntnisse für Kommunikationstrainer, Berater und Coaches von Interesse, die sich mit kooperativer und kundenzentrierter Kommunikation befassen. Zielgerichtete Trainings- und Weiterbildungskonzepte lassen sich daraus ableiten.

Aus wissenschaftlicher Perspektive setzt die vorliegende empirische Arbeit auf bereits vorliegende Studien u. a. zur Kommunikationsqualität am Beispiel des Private Banking auf und verknüpft Teile dieser Forschungen mit Elementen kooperativer Kommunikation und dem Vertriebserfolg im Filialvertrieb von Banken am Beispiel von Sparkassen. Die Erkenntnisse bieten aus wissenschaftlicher Sicht Ansätze, um darauf aufbauend qualitative Forschungen zu diesem Bereich abzuleiten.

Die vorliegende Arbeit von Herrn Reichmann setzt neue Maßstäbe in der Qualität der Kundenberatung in Sparkassen: Sie stellt kommunikative Kompetenzen der Beratenden den fachlichen Kompetenzen gleich und arbeitet die Wechselwirkungen zwischen den Kundenwünschen und dem Kommunikationsverhalten der BeraterInnen heraus. Die beste fachliche Bankausbildung ist nur hilfreich, wenn die Beratenden die detaillierten Kundeninteressen erfahren und maßgeschneiderte Produkte anbieten können. Der Erfolg der Bankinstitute mit einem Filialsystem wird zukünftig wesentlich von dieser Beratungsqualität abhängen, um sich von den Direktbanken abzugrenzen und einen deutlichen Mehrwert zu generieren.

Dr. Brigitte Teuchert
Programmverantwortliche Masterstudiengang
„Speech Communication and Rhetoric“
Universität Regensburg

Inhaltsverzeichnis

Abbildungs- und Tabellenverzeichnis

Abkürzungsverzeichnis

AVE	Average Variance Extracted AVE
BAAAV	Begrüßung, Analyse, Argumentation, Abschluss, Verabschiedung
CA	Cronbachs Alpha
CR	Composite Reliability
DSGV	Deutscher Sparkassen- und Giroverband
EDV	Elektronische Datenverarbeitung
GZE	Gesamtzielerreichung
HCM	Hierarchisches Komponentenmodell
HHNE	Haushaltsnettoeinkommen
PCA	Principal Component Analysis
P. M.	Pro Monat
SpkG NW	Sparkassengesetz Nordrhein-Westfalen
USP	Unique Selling Point

Zusammenfassung

Die persönliche Beratung stellt für Sparkassen einen wesentlichen Kern ihres Geschäftsmodells dar, da sie in ihrer geschäftlichen Aktivität räumlich begrenzt sind. Wie bei anderen Kreditinstituten handelt es sich bei den Finanzdienstleistungen um nicht tangible Produkte, die in der Regel einer Beratung bedürfen. Es wurde bereits empirisch nachgewiesen, dass die kundenzentrierte Kommunikation einen positiven Einfluss auf das Kundenvertrauen bzw. die Kundenzufriedenheit hat und zu einer höheren Kundenloyalität führt. Diese Masterarbeit befasst sich darüber hinaus mit der Frage, ob eine kundenzentrierte Kommunikation zu einem höheren Vertriebserfolg eines Privatkundenberaters im Filialgeschäft von Sparkassen führt.

Dazu werden Besonderheiten und Grundlagen der kundenzentrierten Beratung herausgearbeitet und Hypothesen aufgestellt, die in einer quantitativen, empirischen Analyse überprüft wurden. Die Studie in Form eines erstellten Onlinefragebogens wurde in fünf Sparkassen mit insgesamt 131 Privatkundenberatern durchgeführt. Die statistische Aufbereitung der Daten erfolgte mit einem PLS-Modell. Im Ergebnis konnte für die Hypothese zur Gesprächstechnik ein signifikanter Einfluss auf den Vertriebserfolg nachgewiesen werden. Die übrigen Hypothesen zur Rollenanforderung und Grundhaltung bzw. zum Gesprächsverhalten wurden nicht bestätigt. Die durchgeführte Studie konnte den Einfluss kundenzentrierter Kommunikation auf den Vertriebserfolg von Kundenberatern bedingt nachweisen.

Abstract

For regional banks, personal advice is a key element of their business model, as their business activities limit their space. As with other financial institutions, financial services are non-tangible products, which generally require advice. It has already been proven empirically that customer-centered communication has a positive impact on customer confidence and customer satisfaction and leads to higher customer loyalty. This master's thesis also deals with the question of whether customer-centered communication leads to a higher sales success of a private client advisor in the branch business of savings banks.

For this purpose, special features and fundamentals of customer-centered consulting will be worked out and hypotheses will be set up, which were examined in a quantitative, empirical analysis. The study in the form of an online questionnaire was conducted in five savings banks with a total of 131 private client advisors. Statistical processing of the data was carried out with a PLS model. As a result, a significant influence on the sales success could be demonstrated for the hypothesis on conversation technique. The remaining hypotheses on role requirement and attitude or on conversation behavior were not confirmed. The study was able to conditionally prove the influence of customer-centered communication on the sales success of customer consultants.

1 Einleitung

Bereits seit einigen Jahren führen der rasche technologische Wandel, der hohe Sättigungsgrad, die Internationalisierung sowie steigende Wettbewerbsintensität und Preisorientierung der Kunden dazu, dass es für Unternehmen und Kreditinstitute schwieriger wird, Wettbewerbsvorteile aufzubauen und die Kunden zu binden.[1] Der Kommunikation in der Kundenberatung der Finanzdienstleistungsbranche kommt u. a. hinsichtlich der Kundenbindung eine zentrale Funktion zu, da es sich bei den Banken und Sparkassen um virtuelle und erklärungsbedürftige Produkte handelt, deren Qualität und Gebrauchsnutzen nicht im klassischen Sinn erlebbar gemacht und bestimmt werden können.

Vor allem unter qualitativen Gesichtspunkten nimmt die Kommunikation in der Interaktion zwischen Bankberater[2] und Kunde eine Schlüsselstellung ein. Bei den bundesweit 413 Sparkassen mit ihrer vergleichsweise hohen, wenn auch rückläufigen Filialdichte von 11.459 zum 31.12.2015 fällt dem persönlichen Kontakt zwischen Kunden und Kundenberatern eine Schlüsselposition zu, da der Berater gerade in Zeiten zunehmender Digitalisierung und Standardisierung als das entscheidende Differenzierungsmerkmal angesehen werden kann, das für die Tragfähigkeit des Geschäftsmodells der Sparkassen von entscheidender Bedeutung ist.[3] Diese in kommunaler Trägerschaft befindlichen Kreditinstitute sind in ihrer Geschäftsaktivität regional begrenzt und können weder neue Ertragspotenziale durch Expansionen noch Kostenstrukturen einer rein online tätigen Bank generieren.[4]

Bereits Bruhn, Hadwich und Frommeyer haben sich in ihrer empirischen Studie „Kommunikationsqualität in Kundeninteraktionen – Bestandsaufnahme, Operationalisierung und empirische Befunde im Private Banking“ mit der Mitarbeiter-Kunden-Kommunikation beschäftigt und zu analysieren versucht, ob sich auf

1 Vgl. Bruhn, M. (1999), S. 2

2 Gemeint sind in dieser Arbeit stets beide Geschlechter. Aus Gründen der Lesbarkeit wird auf die Nennung beider Formen verzichtet.

3 Vgl. Bundesbankstatistik aus Januar 2017, S. 104. Allein im Vergleichszeitraum von Ende 2013 bis 2015 wurden 864 bzw. rund 7 % der Filialen geschlossen. Die zum Geschäftsmodell der Sparkassen vergleichbaren 1.025 Kreditgenossenschaften haben mit ihren bundesweit 10.822 Filialen rund 6 % weniger und die vier Großbanken mit ihren bundesweit 7.240 Filialen rund 37 % weniger Filialen als der Sparkassensektor.

4 Vgl. § 3 Regionalprinzip Sparkassengesetz Nordrhein-Westfalen in der Fassung vom 18.11.2008

H.-J. Reichmann, *Vertriebserfolg durch kundenzentrierte Kommunikation*,
BestMasters, https://doi.org/10.1007/978-3-658-25742-2_1

Basis von Kundenbefragungen Differenzierungsmerkmale identifizieren lassen, die für die wahrgenommene Qualität von besonderer Bedeutung sind. Sie gehen dabei auf die Unterscheidung von Inhalts- und Beziehungsaspekt in der menschlichen Kommunikation als Ausgangspunkt ein[5] und fächern in ihrer Studie den Beziehungsaspekt in qualitative Dimensionen auf.[6]

Die vorliegende Arbeit greift auf einige Aspekte von Bruhn, Hadwich und Frommeyer zurück und geht ferner auf Basis der langjährigen Erfahrung des Autors im Sparkassensektor der Frage nach, ob ein Zusammenhang zwischen einer kundenzentrierten Kommunikation des Kundenberaters und seinem Vertriebserfolg hergestellt werden kann. Hierzu wurde ein Onlinefragebogen erarbeitet und Vertriebsmitarbeitern von fünf Sparkassen zur Beantwortung zur Verfügung gestellt und die Ergebnisse anschließend in einem Wirkungsmodell hinsichtlich der Fragestellung überprüft.

Da das Kommunikationsverhalten der Gesprächspartner den Verkaufsprozess beeinflusst, befasst sich die vorliegende Arbeit mit der Frage, ob zwischen der Art und Weise, wie Kundenberater mit den Kunden kommunizieren, und ihrer individuellen vertrieblichen Zielerreichung hergestellt werden kann.[7] Auf Grund der zuvor beschriebenen Bedeutung des Filialgeschäfts für Sparkassen wird die Untersuchung auf den Privatkundensektor fokussiert.[8]

Eingangs beschäftigt sich die Arbeit mit der Beschreibung von Bankprodukten, der Rolle des Kundenberaters und den Einflussfaktoren auf das Kundenverhalten. Begriffe der Kundenzentrierung und Kommunikation sowie die Systematik von Beratungsgesprächen legen im Weiteren die theoretischen Grundlagen für die empirische Analyse. Dabei konzentriert sich der empirische Teil auf diejenigen Gesprächsphasen, die eine besondere Hinwendung zum und Aktivierung des Kunden im Sinne einer kundenzentrierten Kommunikation bedürfen. In diesem Kontext werden ausgewählte Bereiche des Gesprächsverhaltens und der Gesprächstechniken beleuchtet, die für eine kundenzentrierte Kommunikation von besonderer Bedeutung sind.

Die im theoretischen Teil der Arbeit gelegten Grundlagen werden anschließend empirisch überprüft. Hierzu wurde ein Onlinefragebogen konzeptuell erstellt und mittels einer Stichprobe von 131 Kundenberatern im Filialvertrieb von fünf Sparkassen überprüft. Die Ergebnisse wurden anschließend ausgewertet und

5 Vgl. Watzlawick, P./Beavin, J./Jackson, D. (2011), S. 64
6 Vgl. Bruhn, M./Hadwich, K./Frommeyer, K. (2010), S. 3-37
7 Vgl. Ivens, B./Leischnig, A. (2016), S. 540
8 Zu den Kriterien vgl. DSGV-Systematik im Anhang A und B.

einer kritischen Betrachtung mit Blick auf die Fragestellung dieser Arbeit unterzogen.

Ausgehend von den gewonnenen Erkenntnissen werden praktische Implikationen für mögliche Rollenanforderungen, Auswahlprozesse und Weiterbildungen von Kundenberatern sowie zur Integration von kundenzentrierenden Elementen in der Steuerung betrachtet.

2 Bedeutung kundenzentrierter Beratung

2.1 Besonderheit von Bankprodukten in der Beratung

Im Vergleich zu traditionellen Produktionsbetrieben liegt die Herausforderung im Dienstleistungssektor der Banken und Sparkassen in ihren nicht tangiblen, virtuellen Produkten. Der Kunde kann das Bankprodukt nicht anfassen, nicht sehen und die möglichen Vorteile sowie den Gebrauchsnutzen nicht unmittelbar beurteilen. Neben dem Preis sind qualitative Faktoren entscheidend: Wie hilft das Produkt, kundenspezifische Problemstellungen zu lösen, und wie erfüllt es damit die Erwartungen des Kunden?

Um eine für den Kunden optimale Passgenauigkeit zwischen seiner Problemstellung einerseits und der Lösung durch das Finanzdienstleistungsprodukt andererseits zu erzielen, kommt der Kommunikationsqualität in der Interaktion des Bankberaters mit dem Kunden eine wichtige Bedeutung zu und ist gerade bei komplexen Leistungen hinsichtlich der Wahrnehmung von Leistungsmerkmalen des Unternehmens wesentlich.[9]

> Letztlich weisen verschiedene Untersuchungen nach, dass die persönliche Kommunikation positive Effekte auf das kundenseitige Commitment haben kann und diese daher von hoher Bedeutung für den Erhalt und die Intensivierung von Geschäftsbeziehungen ist.[10]

Als Interaktion wird im Rahmen dieser Arbeit der unmittelbare Gesprächskontakt zwischen einem Käufer oder mehreren Käufern und einem Verkäufer mit dem Ziel des Abschlusses eines Kaufvertrags verstanden.[11]

Im Ergebnis kann in der Kommunikation und damit in der Kommunikationskompetenz des Kundenberaters ein entscheidender Transmissionsriemen zwischen dem Produktangebot der Bank und der Kundenbindung gesehen werden, da die Qualität der Kommunikation in der Kunden-Berater-Interaktion einen Einfluss auf die Kundenzufriedenheit bzw. das Kundenvertrauen und in der Folge auf die Kundenbindung an das Kreditinstitut hat. Das nächste Kapitel geht auf den Filialvertrieb von Sparkassen als ein Kernelement des Geschäftsmodells ein, ehe sich der anschließende Abschnitt mit der besonderen Funktion des Kundenberaters befasst.

---

9 Vgl. Bruhn, M./Hadwich, K./Frommeyer, K. (2010), S. 8
10 Bruhn, M./Hadwich, K./Frommeyer, K. (2010), S. 8
11 Vgl. Bänsch, A. (2013), S. 3

H.-J. Reichmann, *Vertriebserfolg durch kundenzentrierte Kommunikation*,
BestMasters, https://doi.org/10.1007/978-3-658-25742-2_2

2.2 Der Filialvertrieb von Sparkassen

Der Filialvertrieb war im gesamten Sektor der Regionalbanken in den zurückliegenden Jahrzehnten eine tragende Säule des Geschäftsmodells. Die weiteren Ausführungen dieser Arbeit beziehen sich auf den Bereich der Sparkassen als einen Teil des Regionalbankensystems, da sich die empirische Studie dieser Arbeit auf den Teilnehmerkreis dieser Institutsgruppe beschränkt.

Der Wirkungskreis der Geschäftsaktivitäten ist nach dem in § 3 Sparkassengesetz geregelten Regionalprinzip grundsätzlich auf das Gebiet des Trägers oder das in der Satzung des jeweiligen Instituts festgelegte Gebiet im Sinne einer arbeitsteiligen Aufgabenerfüllung beschränkt.[12]

Die regionale Nähe der Institute zeigte sich in der Vergangenheit vor allem durch ihre Präsenz in der Fläche. Im Zuge der Digitalisierung und durch die Möglichkeiten des Online-Banking werden Sparkassen und regional tätige Kreditinstitute mit zusätzlichem Wettbewerb konfrontiert. Die Schärfung des Leistungsangebots der persönlichen Beratung kann dazu beitragen, das Geschäftsmodell der Sparkassen zukunftsfähiger auszurichten. Die in den Geschäftsstellen unmittelbar betreuten Kunden weisen dabei in der Regel bestimmte Einkommens- und Vermögenskriterien auf.[13]

Die Kundenberater in der Filiale können durch ihre Interaktionen mit den Kunden insbesondere durch eine qualitative Beratung dazu beitragen, das Geschäftsmodell der Sparkassen von vor allem nicht regional tätigen Onlineanbietern von Finanzdienstleistungen abzugrenzen, da diese technisch bedingt lediglich standardisierte Produkte anbieten können. Wie Beratung qualitativ betrachtet werden kann und ob kundenzentriertes Kommunikationsverhalten zu differenzierten Vertriebserfolgen führen, ist zentrales Forschungsinteresse dieser Arbeit.

2.3 Rolle des Verkäufers als Intermediär

Dem Verkäufer im Dienstleistungssektor kommt im Vergleich zu traditionellen Produktionsbetrieben eine herausgehobene Position zu, da er als Intermediär zwischen dem virtuellen Produkt und dem Kunden in besonderer Weise als Sprachorgan agiert. Es können dem Kundenberater Attribuierungen beigemessen werden, die bei tangiblen Produkten unmittelbar mit diesen verknüpfbar sind.

12 Vgl. § 3 Abs. 1 SpkG NW, begründete Abweichungen sind möglich.

13 Geschäftsstelle wird synonym zu Filiale verwendet. Zu den Kriterien vgl. DSGV-Systematik im Anhang A und B.

Das regelmäßig mit physischen Produkten verbundene Vertrauen kann vor allem mit der Person des Verkäufers bei Bankprodukten in Verbindung gebracht werden. Dieser wird quasi zunehmend zum eigentlichen Bankprodukt bzw. steht im Zeitablauf stellvertretend dafür. Der Bankberater wird zu einem wichtigen Unterscheidungsmerkmal für den Kunden, zum sogenannten USP, zumal die gehandelten Bankprodukte und weiteren Einflussfaktoren wie Räumlichkeiten, Produktausgestaltungen und Preise mitunter identisch oder vergleichbar und in der Regel austauschbar sind.[14]

Gerade in Kaufsituationen, bei denen der Konsument im Vorwege die versprochenen Leistungen nicht abschließend beurteilen kann und ein potenzielles Risiko in der Abweichung zwischen seiner Erwartung und dem Erhaltenen besteht, muss sich der Käufer auf die Leistungsfähigkeit des Anbieters und Erläuterungen des Verkäufers verlassen und auf sie vertrauen können. Das Kundenvertrauen basiert auf affektiven und kognitiven Einstellungskomponenten. Mit zunehmender Erfahrung kann sich ein verstärktes Vertrauen gegenüber dem Kundenberater und Anbieter einstellen, das in „blindes Vertrauen“ münden kann. Steigendes Vertrauen führt in der Folge zu steigender Anbieterloyalität und stärkerer Kundenbindung.[15]

Wie eingangs skizziert nimmt die Kommunikationsqualität des Kundenberaters eine Schlüsselfunktion ein, da deren Dimensionen, wie später aufzuzeigen sein wird, sowohl auf die Kundenzufriedenheit als auch das Kundenvertrauen und in der Folge auf die Kundenloyalität wirken. Wie Bruhn et al. ausführen, sind Kundenzufriedenheit und Kundenvertrauen zu differenzieren und in der Kunden-Berater-Beziehung zeitlich unterschiedlich einzuordnen. Während der Kundenzufriedenheit eine ex-post-Bewertung des Kunden mit der Übereinstimmung seiner Erwartung an das Produkt und die Erfüllung seiner Erwartung zukommt, stellt sein Vertrauen eine ex-ante Haltung dar, die aus eigenen oder vermittelten Erfahrungen mit dem Produkt, dem Kundenberater oder dem Kreditinstitut erwächst. Es wird definiert als

> die Bereitschaft des Kunden, sich auf das Unternehmen oder den Ansprech-/ Beziehungspartner im Hinblick auf dessen zukünftiges Verhalten ohne weitere Prüfung zu verlassen.[16]

Die Kundenzufriedenheit zahlt positiv auf das „Vertrauenskonto“ des Kunden ein und tritt als Dimension im Zeitablauf in der Kunden-Berater-Beziehung in den Hintergrund; bleibt aber grundsätzlich von Bedeutung.[17]

---

14 USP = Unique selling point

15 Vgl. Meffert, H./Burmann, C./Kirchgeorg, M. (2012), S. 132

16 Bruhn, M./Hadwich, K./Frommeyer, K. (2010), S. 13

Die über die Jahrzehnte und im Zeitalter multimedialer Vertriebskanäle zunehmende Technisierung kann die herausgehobene Position des Verkäufers verstetigen, indem er weniger Routinetätigkeiten ausüben muss und sich auf den Verkaufsprozess konzentrieren kann. Zudem können erhaltene und gesammelte Informationen gespeichert und verarbeitet werden, um in der Folge fernab des standardisierten Produktangebots durch den Kundenberater gemeinsam mit dem Kunden ein individualisiertes, auf ihn und seine Wünsche und Bedürfnisse maßgeschneidertes Finanzdienstleistungsprofil zu entwickeln, das einer Patientenkartei beim Arzt ähnelt und entsprechend der Lebensbiographie des Kunden regelmäßig überprüft und aktualisiert wird.[18, 19]

Vor allem hat der Kundenberater die Absicht, den Kunden in seiner Sprache zu verstehen, in seinen Begriffen zu denken und ihn in seiner subjektiven Lebenswelt zu erfassen, um ein Verständnis für seine Wünsche und Bedürfnisse zu erlangen. Diese Kundenzentrierung erreicht der Kundenberater u. a. dann, wenn er ehrliches Interesse hat und eine beurteilungsfreie, wertneutrale sowie nichtdirektive und unvoreingenommene Haltung an den Tag legt. Die Entscheidungsfreiheit überlässt er dem Kunden.[20]

Die zuvor von Mucchielli in Anlehnung an Carl R. Rogers beschriebenen Anforderungen an einen Gesprächsführer in der non-direktiven Beratung lassen sich zusammenfassend gleichsam als Anspruch an den Kundenberater formulieren. Er braucht die Fähigkeit zur Empathie, also die Befähigung, sich in die Lage eines anderen zu versetzen, ohne die Objektivität oder Distanz zu verletzen, und Ehrlichkeit, um Vorhaltungen der Manipulation zu begegnen.[21] Für die kundenzentrierte Kundenberatung gilt gleichermaßen, dass „die Qualität eines Beraters – sowohl im professionellen wie im moralischen Sinn – an der Ehrlichkeit seines Bemühens um Verständnis gemessen“ [22] wird.

Als Schlüsselqualifikationen kommunikativer Persönlichkeiten wie Kundenberatern einer Sparkasse können insbesondere Offenheit, Sensibilität gegenüber Per-

---

17 Vgl. Bruhn, M./Hadwich, K./Frommeyer, K. (2010), S. 15

18 Vgl. Reisenbichler, I. (1986), S. 5 ff

19 Der Autor dieser Arbeit macht in der Praxis wiederkehrend die Erfahrung, dass Kundenberater häufig der Auffassung sind, dass sie bereits alles über den Kunden und seine Bedürfnisse und Wünsche wissen. Sie setzen damit implizit eine Konstanz der Lebensumstände und Haltung des Kunden voraus, die in der Realität selten anzutreffen sind. Eine gute, an den Notwendigkeiten und Vorstellungen des Kunden orientierte Beratung wird somit zum Zufallsprodukt.

20 Vgl. Mucchielli, R. (1972), S. 9

21 Vgl. Mucchielli, R. (1972), S. 37

22 Mucchielli, R. (1972), S. 38

sonen und Situationen, Mut zu kommunikativen Vorleistungen, Perspektive-Übernahme und Empathie gesehen werden. Rollendistanz und Ambiguitätstoleranz sowie Selbst-Konzept und Ich-Identität ergänzen diese Anforderungen.[23] Zur Vertiefung der genannten Aspekte wird auf die Literatur beispielsweise von Bartsch und Marquart „Grundlagen der Kommunikation“ verwiesen.[24]

Zusammenfassend lässt sich als Anforderung an die Rolle eines Kundenberaters in Sparkassen sagen, dass er als Intermediär sowohl über geeignete fachliche als auch persönliche Kompetenzen verfügen muss. Insbesondere seiner Kommunikationskompetenz kommt eine herausragende Schlüsselfunktion mit Wirkung auf die Kundenbindung/-loyalität bzw. Kundenzentrierung zu. Was unter den letztgenannten Begriffen zu verstehen ist, wird in den nachstehenden Abschnitten herauszuarbeiten sein.

Es ergibt sich die zu überprüfende Hypothese (H):

H1: Die *Rollenanforderung* eines Kundenberaters zur Erfüllung einer kundenzentrierten Kommunikation hat einen positiven Einfluss auf die *Zielerreichung* eines Kundenberaters.

Der Überblick über die Einflussfaktoren, die das Kaufverhalten des Kunden beeinflussen können, im nächsten Kapitel dient dazu, ein besseres Verständnis für die Kundenperspektive zu erhalten, um in Beratungsgesprächen mittels geeigneter Kommunikation eine optimale Übereinstimmung von Kundenwunsch und Finanzdienstleistungsprodukt zu erzielen. Eine vertiefende und abschließende Betrachtung kann an dieser Stelle nicht erfolgen, da der Schwerpunkt dieser Arbeit auf der Kommunikation zwischen dem Berater und dem Kunden liegt.

2.4 Überblick über Einflussfaktoren auf das Kaufverhalten

Die Frage nach den Einflussfaktoren, die das Kaufverhalten der Kunden bestimmen, wird nachstehend zunächst aus der betriebswirtschaftlichen und anschließend aus der Perspektive der Rhetorik erörtert, um im Weiteren die wesentlichen gemeinsamen Aspekte hinsichtlich der Fragestellung zusammenzufassen. In der Marketingliteratur werden beispielsweise intrapersonelle Bestimmungsfaktoren des Käufers aufgeführt, zu denen neben der Aktiviertheit, das Involvement und

23 Vgl. Bartsch, E./Marquart, T. (1999), S. 34 ff.
24 Vgl. Bartsch, E./Marquart, T. (1999)

die Werte des Kunden zählen. Darüber hinaus werden Faktoren zu Motiven, Einstellungen und Emotionen genauer betrachtet.[25]

Damit sich der Kunde für ein Produkt interessiert, braucht es die Bereitschaft zu einem bestimmten Verhalten, also ein Motiv. Die Motivation beschreibt hierbei die aktualisierten Beweggründe wie Bedürfnisse, Bestrebungen und Wünsche und richtet das Verhalten eines Konsumenten auf das Ziel der Realisierung aus. [26] Auf eine vertiefende Darstellung von Motivtheorien wird aus Gründen des Umfanges an dieser Stelle verzichtet und auf die Literatur zum Beispiel von Bänsch „Verkaufspsychologie und Verkaufstechnik“ verwiesen.[27]

Einstellungen sind die am Häufigsten verwendeten Erklärungen für das Käuferverhalten und basieren auf den Erfahrungen der Käufer.[28] Sie können kurzfristiger Natur und gleichzeitig offen für Änderungen sein oder langfristigen Charakter haben und sich als Meinungen, Überzeugungen oder Vorurteile beschreiben lassen.[29]

Emotionen als subjektiv wahrgenommener Erregungszustand sind eine Art Antriebsfunktion für den Kunden. Ihnen fällt gerade im Bankenmarkt ein entscheidendes Differenzierungsmerkmal zu, da die Produkte nahezu identisch und austauschbar sind.[30]

Kognitionen als Wissen bzw. Wissenszustände sind eigenständige, im Sinne des Erinnerns bewusst gemachte, intern gespeicherte oder extern aufgenommene Informationen, zu deren Beginn die Wahrnehmung steht, an die sich der Prozess

---

25 Vgl. Meffert, H./Burmann, C./Kirchgeorg, M. (2012), S. 109

26 Vgl. Meffert, H./Burmann, C./Kirchgeorg, M. (2012), S. 121. Bei der Verfolgung der eigenen Ziele, also der Motivationen, können Konfliktsituationen entstehen:
Appetenz-Appetenz-Konflikte: Entscheidungssituationen zwischen zwei gleichwertigen Produkten
Appetenz-Aversion-Konflikte: gegenläufige Aspekte (gleichrangige Vor- und Nachteile) bei einem Produkt
Aversion-Aversion-Konflikte: Entscheidungssituationen zwischen zwei grundsätzlich vom Käufer abgelehnten Produkte. Die Appetenz bezeichnet die Annahme einer Kaufofferte. Vgl. Meffert, H./Burmann, C./Kirchgeorg, M. (2012), S. 121 – 122

27 Vgl. Bänsch, A. (2013)

28 Vgl. Trommsdorff, V./Teichert, T. (2011), S. 125 ff

29 Vgl. Bänsch, A. (2013), S. 17

30 Vgl. Trommsdorff, V./Teichert, T. (2011), S. 59 ff; Zu den primären, angeborenen Merkmalen zählen Interesse, Freude, Überraschung, Kummer, Zorn, Ehre, Geringschätzung, Furcht, Scham und Schuldgefühl. Davon abzugrenzen sind die sekundären Zustände. Vgl. Meffert, H./Burmann, C./Kirchgeorg, M. (2012), S. 112

von Aufnahme und Selektion von Informationen sowie deren Verarbeitung anfügt.[31]

Neben den genannten Faktoren tritt im Bankensektor vor allem die generelle Risikobereitschaft beziehungsweise Risikoneigung des Kunden als das von ihm wahrgenommene, situationsbezogene Risiko auf, welches nachteilig empfundene, potenzielle Folgen umfasst, die von ihm vor der Kaufentscheidung nicht vorhergesehen oder eingeschätzt werden können. Bei Bankprodukten ist besonders das finanzielle Risiko von Bedeutung, das Einbußen beinhaltet, die dadurch entstehen können, dass ein anderes Produkt günstiger ist, die eingesetzten Mittel nicht mehr anderweitig verwendbar sind oder der beabsichtigte Zielertrag geringer ausfällt.[32]

Als Zwischenbetrachtung kann mit Blick auf die Fragestellung dieser Arbeit festgehalten werden, dass eine kundenzentrierte Kommunikation den Kundenberater in die Lage versetzt, einen Einblick in die Motivlage des Kunden zu erhalten und Informationen sowohl über seine bisherigen Erfahrungen in dem zu besprechenden Themenbereich als auch über seine Risikobereitschaft zu erhalten. Insbesondere seine emotionale Situation, seine Einstellungen und sein Wertesystem sind von herauszustellender Bedeutung, um eine kundenindividuelle Ansprache zu gewährleisten.

Auch die Rhetorik rückt in bestimmten Kontexten übergreifend das Interesse der Adressaten in den Fokus, was auf die kundenzentrierte Kommunikation übertragbar ist. So wird im Bereich der Rede von Hörerorientierung bzw. Pathos gesprochen, welches in unserem Kontext als Perspektivübernahme des Kunden verstanden werden kann. Diese umfasst die Sichtweisen und Interessen bzw. Bedürfnisse der jeweiligen Zielgruppe, die auf „Erfahrungen, Überzeugungen, Kenntnisse und Wissenstand, gesellschaftliche Strukturen, Funktionen und Lebensumstände“ [33] basieren.

Sichtweisen der Adressaten werden dort erkennbar, wo diese Wünsche, Interessen und Standpunkte äußern oder Ansprüche formulieren.[34] „Interessen sind zeit-, umstands- und persönlichkeitsabhängige Motive.“[35] Sie entspringen fundamentalen Bedürfnissen wie zum Beispiel dem Sicherheitsbedürfnis (physisch

31 Vgl. Trommsdorff, V./Teichert, T. (2011), S. 74 ff
32 Vgl. Meffert, H./Burmann, C./Kirchgeorg, M. (2012), S. 129; Neben dem finanziellen Risiko spielen bei Produkten auch das funktionale, gesundheitliche und psychische Risiko eine Rolle. Vgl. Meffert, H./Burmann, C./Kirchgeorg, M. (2012), S. 129
33 Grießbach, T./Lepschy, A. (2015), S. 114 f.
34 Vgl. Grießbach, T./Lepschy, A. (2015), S. 115
35 Vgl. Grießbach, T./Lepschy, A. (2015), S. 115

und wirtschaftlich (materiell)), physiologischen (Lebenserhalt und persönliches Wohlbefinden), sozialen (Anerkennung, Respekt, Zugehörigkeit), persönlichen (Selbstbestimmung und persönliche Kompetenz) und spirituellen Bedürfnissen (Grundfragen menschlichen Lebens und Sinnhaftigkeit).[36] Diese von Grießbach und Lepschy aufgeführten Beispiele von Bedürfnissen zeigen Gemeinsamkeiten mit den unter anderem von Meffert et al. in der Marketingliteratur besprochenen Motive. Auch die von Bänsch formulierten Motive und Bedürfnisse lassen Gemeinsamkeiten zu den zuvor Beschriebenen erkennen.[37]

Wie zufrieden der Kunde mit einem Produkt oder der Dienstleistung ist, hängt von der Übereinstimmung seiner Erwartung und den tatsächlichen Gegebenheiten ab. Sie manifestiert sich in einem positiven Gefühl und ist die Grundlage für eine langfristige Kundenbindung, Markentreue und –loyalität.[38] Die Werte des Kunden als Basis seiner Einstellungen oder Über-Einstellungen sind sein konsistentes System, das über Wichtiges und Anzustrebendes entscheidet.[39] Insofern spielt in der Kommunikation zwischen dem Kunden und dem Kundenberater eine entscheidende Rolle, wie gut der Berater im Rahmen seiner Kommunikation auf das Wertesystem und die Vorstellungen des Kunden eingeht. Wie die Ausführungen dieses Kapitels aufgezeigt haben, kann aus verschiedenen fachlichen Disziplinen eine Schnittmenge zur Betrachtung der Kundensicht hergestellt werden. Entscheidend wird hinsichtlich der Kundenzentrierung sein, wie gut es dem Kundenberater gelingt, diese Kundenperspektive durch entsprechende Kommunikation zu übernehmen. Diese kommunikative Interaktion spiegelt sich auch in der Kommunikationsbeziehung der Beteiligten als Dimension der Kommunikationsqualität wieder, worauf wir in dem nächsten Kapitel genauer eingehen werden.

36 Vgl. Grießbach, T./Lepschy, A. (2015), S. 115
37 Vgl. Bänsch, A. (2013), S. 69 ff
38 Vgl. Bruhn, M. (1999), S. 109 ff
39 Vgl. Meffert, H./Burmann, C./Kirchgeorg, M. (2012), S. 133

3 Grundlagen zum Verständnis kundenzentrierter Beratung

Zentrale Begrifflichkeiten zur Kundenzentrierung und Kommunikation werden auf Basis der Diskussion in der Literatur in dem nun folgenden Kapitel betrachtet, um aufbauend den Aspekt der Kooperation als einen wesentlichen Kern der weiteren Arbeit zu reflektieren. Elemente des Gesprächsverhaltens und der Gesprächstechnik schließen das Kapitel ab und bilden die Basis für die sich anschließende empirische Studie.

3.1 Kundenzentrierung

Kundenzentrierung statt Kundenorientierung bedeutet eine stärkere Fokussierung auf den Kunden, von dem mehr denn je alle Aktivitäten und geschäftspolitischen Ausrichtungen der Banken und Sparkassen ausgehen. Bereits 1954 führte Peter Drucker allgemeingültig aus:

> What the customer thinks he is buying, what he considers „value", is decisive – it determines what a business is, what it produces and whether it will prosper.[40]

Ergänzend macht er deutlich, dass allein der Kunde Beschäftigung gibt und die Existenz des Unternehmens begründet.[41] Dieses Bewusstsein ist in Zeiten veränderter Rahmenbedingungen konsequenter in den Mittelpunkt zu rücken, denn Unternehmen, die sich konsequent auf die Kundenbedürfnisse ausrichten, sind letztlich erfolgreicher.[42] Bei einer Umfrage von 450 mittelständischen Firmenkunden ergab sich im Ergebnis allerdings, dass die Banken nur Teilbereiche der tatsächlichen Bedürfnisse ihrer Kunden abdecken.[43] Eine ganzheitliche Betrachtung blieb in der Regel aus.

Nach wie vor gehen Kreditinstitute vorwiegend den Weg, Bankdienstleistungen aus der Innensicht zu entwickeln und auf den Markt zu bringen. Eine Umkehrung der Prozesse ausgehend vom Kunden mit Zentrierung auf ihn, Outside-in, statt wie bisher von der Produktentwicklung und –orientierung, Inside-out, un-

40 Drucker, P. (1954), S. 37
41 Vgl. Drucker, P. (1954), S. 37
42 Vgl. Dohmen, A./Moormann, J. (2015), S. 26
43 Vgl. Dohmen, A./Moormann, J. (2015), S. 27

H.-J. Reichmann, *Vertriebserfolg durch kundenzentrierte Kommunikation*,
BestMasters, https://doi.org/10.1007/978-3-658-25742-2_3

terbleibt weitestgehend. Mittels einer klaren geschäftspolitischen Ausrichtung durch den Vorstand über die Führungskräfte bis hin zum Kundenberater kann eine Kundenzentrierung umgesetzt werden.[44] Analoges kann für das Privatkundengeschäft angenommen werden.

Hinsichtlich der Kommunikation in Verkaufsgesprächen lassen sich Anforderungen an die kommunikative Haltung gemäß der klientenzentrierten Beratung nach Mucchielli auf die Kundenzentrierung von Kundenberatern in Sparkassen übertragen. Demnach sollen sie den Kunden in seiner Gesamtheit annehmen und sprechen lassen sowie nicht selbst zu initiativ sein. Ferner erfordert die Kundenzentrierung die Fokussierung auf das Erleben und die Äußerungen der Kunden und nicht auf vermeintlich äußere Tatsachen. Die Kundenberater sollen sich primär auf die Person und die Lebenswelt des Kunden und erst in der Folge auf das geschilderte Problem konzentrieren. Ergänzend hat der Kundenberater ein Interesse an besserer Verständigung statt an vorschneller Deutung und Interpretation, respektiert die Persönlichkeit des Kunden und bringt ihm echte Wertschätzung entgegen; er verzichtet ebenso auf die Demonstration von Scharfsinn oder Überlegenheitsgesten wie auf übertriebene Demutsbekundungen.[45] Indem sich der Kundenberater klar an den Bedürfnissen des Kunden orientiert, führt ihn dies zum Sie-Standpunkt statt zum Ich-Standpunkt. In Anlehnung an die Definition zur Kundenorientierung von Bruhn stellt der Kundenberater allein den Kundennutzen und die Erwartungen des Kunden in das Zentrum seines Handelns.[46] Beide Parteien, Kunde und Berater, bewegen sich partnerschaftlich auf Augenhöhe, indem der Verkäufer weder überheblich, was zu einer Asymmetrie zu Lasten des Kunden führt, noch unterwürfig ist, was die Asymmetrie zu Lasten des Verkäufers zur Folge hat. In Kapitel 3.2.3.3 zur Kommunikationsbeziehung wird hierauf differenzierter eingegangen.

Carl R. Rogers geht im Rahmen der klientenzentrierten Beratung neben Anforderungen an die Haltung von Beratern auch auf Gesprächstechniken ein. Er grenzt direktive von nicht-direktiven Gesprächen ab. Bei direktiv arbeitenden Beratern geht die Aktivität von ihnen aus. Sie bewerten mit größerer Häufigkeit die Aussagen der Klienten und geben dadurch dem Gespräch ihre Richtung. Sie kommen zu direkten Empfehlungen, interpretieren und überreden.[47] Wohingegen die nicht-direktiv Arbeitenden ihre Aussagen auf die Welt des Klienten beziehen und deren verbal oder nonverbal formulierten Gefühle ansprechen.[48] Sie führen

44 Vgl. Dohmen, A./Moormann, J. (2015), S. 27
45 Vgl. Mucchielli, R. (1972), S. 38 f
46 Vgl. Bruhn, M. (1999), S. 7
47 Vgl. Rogers (2007), S. 115
48 Vgl. Rogers (2007), Tabelle IV, S. 112 – 114

durch ihre Gesprächstechnik zu Einsicht und Selbstverständnis auf Seiten der Klienten. In Analogie hierzu ermöglicht diese Herangehensweise dem Bankberater, etwas über die in Kapitel 2.4 aufgeführten Einflussfaktoren wie Motive und Emotionen des Kunden in Erfahrung zu bringen und seine Beratung im Sinne der Kundenzentrierung auf diese aufzubauen.

Neben den Effekten aus den unterschiedlichen Beratungsansätzen sind die Grundhaltung und Wertvorstellung des Beraters für Rogers ebenso von herausragender Bedeutung. Während der direktive Ansatz darauf beruht, dass es einen Überlegenden gibt, der auf Grund seiner fachlichen Ausbildung und Erfahrung die Kompetenz in dem spezifischen Kontext hat, fördert der nicht-direktive Ansatz den freien gedanklichen Entscheidungsprozess des Klienten. Im ersten Fall wird der Fokus auf das Problem gelegt und im zweiten auf den Klienten.[49] Prinzipiell können die Ausführungen auf Verkaufsgespräche in der Bankberatung übertragen werden, wobei der Kunde mit seinen Wünschen und Bedürfnissen im Zentrum des Gesprächs steht und sich seine spezifische Zielsetzung durch die angebotenen Finanzdienstleistungsprodukte lösen lassen sollten.[50]

Im nächsten Kapitel wird der Begriff der Kommunikation betrachtet, ehe die sich anschließenden Ausführungen zur Kooperation mit den oben ausgeführten Aspekten zur kundenzentrierten Grundhaltung der Kundenberater in Verbindung gebracht werden.

3.2 Kommunikation

3.2.1 Allgemein

Der Kommunikationsbegriff wird je nach Zielsetzung und Interessenslage unterschiedlich konzeptualisiert. Hierzu hat sich Fiehler mit den verschiedenen Definitionen, Ab- und Eingrenzungen auseinandergesetzt, auf die an dieser Stelle verwiesen wird.[51] Für diese Arbeit greifen wir zunächst auf die etymologische Herleitung des Wortstammes aus dem Lateinischen zurück.[52] Demnach ist Kommunikation „etwas Gemeinsames machen/teilen, mitteilen", wobei „ein

---

49 Vgl. Rogers (2007), S. 116

50 Vgl. Rogers (2007), S. 116

51 Fiehler, R. (1990), S. 98 - 125

52 Vgl. Bartsch, E./Marquart, T. (1999), S. 9: Begriff „munus" = Aufgabe, Verrichtung, Funktion, Dienst und übernommene Pflicht, Präfix „con" bzw. „com" = zusammen bzw. gemeinsam entwickeln

gemeinsamer Gegenstand/Wert/Inhalt mitgedacht und vorausgesetzt“ wird.[53] Bartsch und Marquart verstehen diese enge Auslegung des Begriffs Kommunikation in deutlicher Abgrenzung zu den von Watzlawick et al. entwickelten Begrifflichkeiten, die unter Kommunikation auch alles Verhalten subsummieren.[54] Zum vertiefenden Verständnis über die Entwicklung der verschiedenen Interpretationen des Kommunikationsbegriffs wird unter anderem auf die Grundlagen zur Kommunikation von Bartsch und Marquart verwiesen.[55]

In Anlehnung an die drei von Bartsch und Marquart beschriebenen Merkmale kann mit Blick auf diese Arbeit festgehalten werden, dass es im Sinne des Kundenberaters darum geht, Kontakt zu dem Kunden herzustellen, Verständnis für die Belange des Kunden als Grundintention aufzubringen und einen Prozess zum gemeinsamen Verstehen bzw. zum Herstellen gemeinsamen Verständnisses von unklaren Inhalten zu initiieren.[56]

Der letztgenannte Aspekt ist insofern von besonderer Bedeutung, da die Gesprächspartner Ansichten äußern und Handlungen ausführen, die auf ihren individuellen mentalen Modellen basieren, also auf ihren „tief verwurzelte[n] Annahmen, Verallgemeinerungen oder auch Bilder[n] und Symbole[n]“ fußen, die ihr Verhalten bewusst oder unbewusst bestimmen.[57] Sie ergeben sich aus den Interaktions- und Kommunikationsprozessen der Sozialisation.[58] Diese Prozesse führen u. a. zu den in Kapitel 2.4 aufgeführten Einflussfaktoren. Die Kommunikation des Kundenberaters hat in dem hier gemeinten Sinne das Ziel, einen Austausch von Informationen zum Ausgleich von Wissensdefiziten unter Berücksichtigung des Erfahrungs- und Wissenshorizonts des Kunden zu initiieren, um im Ergebnis eine gegebene Bedürfnislücke auf der Seite des Kunden durch ein geeignetes Finanzprodukt zu schließen. Zu den Erfahrungen und Kommunikationsgrundlagen systematisiert Geißner die Positionen und Hintergründe der Gesprächsteilnehmer einerseits als Individuum und stellt ihre Schnittmengen beziehungsweise potenzielle Divergenzen des im Akt der Kommunikation stattfindenden Austausches schematisch dar. An dieser Stelle wird auf das Kommunikationsmodell von Geißner im Anhang C bzw. zur Vertiefung auf die Literatur verwiesen.[59]

---

53 Bartsch, E./Marquart, T. (1999), S. 9
54 Vgl. Bartsch, E./Marquart, T. (1999), S. 11
55 Vgl. Bartsch, E./Marquart, T. (1999)
56 Vgl. Bartsch, E./Marquart, T. (1999), S. 15
57 Senge, P. (2011), S. 18
58 Vgl. Schneider, D./Rechtien, W. (1991), S. 133
59 Vgl. Geißner, H. (1969), S. 72

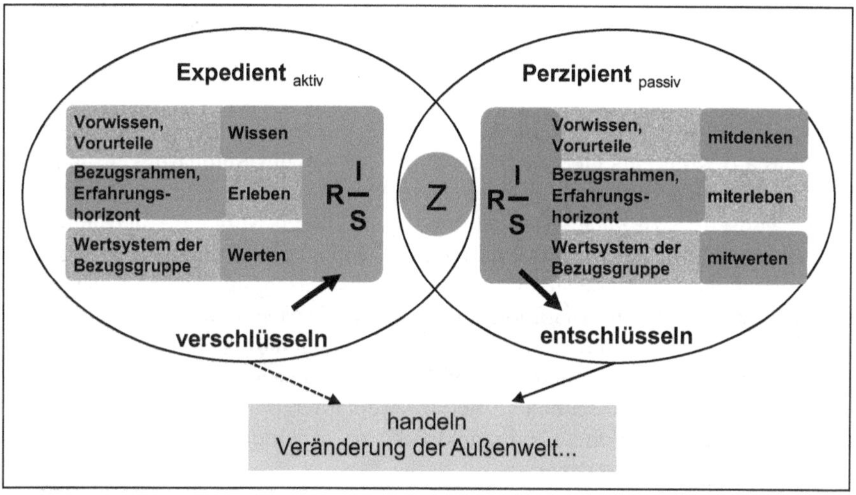

Abbildung 1: Kooperative Kommunikation nach Geißner (1969)

Für unsere Fragestellung sind insbesondere diejenigen Ausführungen Geißners von Belang, die eine einfache und reduzierte Form der Kommunikation gewährleisten. Damit sie gelingt, muss sich der Expedient auf die Wellenlänge des/der Perzipient/en einstellen. Für den Kundenberater ist das Verständnis für die Kundenperspektive von Interesse, indem er durch seine Kommunikation einen gemeinsamen Austausch diesbezüglich initiiert.

Die Kommunikation der Gesprächsteilnehmer wird aus den individuellen Zeichenvorräten genährt, die nicht nur die sprachlichen, sondern auch sprechergebundenen, konstitutionellen, situativen und rollenspezifischen Aspekte und Qualitäten beinhaltet (vgl. Abbildung 1).[60] Durch eine kundenzentrierte Kommunikation richtet der Kundenberater den von ihm genutzten Zeichenvorrat an dem für den Kunden verständlichen aus. Er schafft dadurch eine möglichst große Schnittmenge über das Gemeinte und vom Kunden Intendierte.

Für die kundenzentrierte Kommunikation ist neben dem zuvor dargestellten Verständnis die Frage der Zielsetzung relevant, der sie folgt. Geißner führt dazu aus, dass es sich um diejenige in dem gemeinten Sinne handelt, die darauf abzielt, Zukünftiges eintreten zu lassen. Diese Absicht ist mit einer wie auch immer gearteten Veränderung verbunden, d. h. im Kontext des Verkaufsgesprächs im Bankdienstleistungssektor auf den mittels eines Produktabschlusses realisier-

60 Vgl. Geißner, H. (1969), S. 74

baren, zukünftigen Zustand zur Verwirklichung des Kundenbedürfnisses. Ein Überblick über einige Einflussfaktoren zur Veränderungsintention wurde in Kapitel 2.4 gegeben.

Die nachhaltigere Variante, die Veränderung eines zukünftigen Zustands bei oder durch den Perzipienten zu erzielen, ist, ihn von der Sinnhaftigkeit und den Vorteilen für seine Zielsetzung zu überzeugen und so die mittelbare Realisation des Gewünschten zu generieren.[61] Überzeugung durch Mitnahme und Perspektivübernahme erzielt der Berater durch eine kooperative Grundhaltung, die sich einer ausschließlich kundenzentrierten Gesprächsführung und einer für den Kunden entsprechenden Nutzenargumentation bei der Darlegung des relevanten, auf die Bedürfnisse des Kunden dargelegten Produktangebots bedient. Zumal es in durch Vorteile auf der Abnehmerseite überwiegenden Käufermarkt-Situationen von herauszustellender Bedeutung für den Verkäufer ist, auf den Käufer einzugehen und ihm spezifische Gewinneindrücke zu vermitteln, um ihn so zum Abschluss des Vertrages zu bewegen.[62]

Eine kooperative Kommunikation bedingt auf der Seite des Hörers, das gesprochene Zeichen auf der Basis seines Repertoires zu entschlüsseln und durch „Mitdenken, Miterleben und Mitwerten“[63] zur Handlung zu gelangen. Mitdenken und Handeln sind einerseits von dem Vorgedachten des Sprechers und andererseits entscheidend von dem bisher gedachten und gespeicherten, erlebten oder gelernten Wissen des Hörers abhängig. Zum vertiefenden Verständnis des Begriffs Kooperation in der Kommunikation wird auf das nachfolgende Kapitel 3.2.2 verwiesen.

Neben dem Umstand, dass ein Sprecher etwas sagt, ist bedeutsam, dass er sich gleichzeitig mit dem von ihm gesendeten Zeichen ausdrückt. Es tritt neben das Informative das Affektive.[64]

Watzlawick et al. differenzieren die Mitteilung zwischen Expedient und Perzipient ebenfalls in einen Inhaltsaspekt und einen das Affektive ausdrückenden Beziehungsaspekt, worauf im weiteren Verlauf dieser Arbeit genauer eingegangen wird.[65]

Die zweiseitige Kommunikation ist ein wechselseitiger Rollentausch von Sender und Empfänger. Beide Gesprächsteilnehmer, Verkäufer und Kunde, nehmen im

61 Vgl. Geißner, H. (1969), S. 76
62 Vgl. Bänsch, A. (2013), S. 4
63 Geißner, H. (1969), S. 76
64 Vgl. Geißner, H. (1969), S. 76
65 Vgl. Watzlawick, P./Beavin, J./Jackson, D. (2011), S. 61

Verlauf des Gesprächs auch die jeweils andere Rolle ein. Der Kunde gibt Auskunft und Informationen über seine individuelle Situation und finanziellen Rahmenbedingungen sowie Wünsche, Ziele und Bedürfnisse. Der Verkäufer nimmt diese auf und bringt sich mit seiner fachlichen Kompetenz und bankfachlichen Erfahrung in das Gespräch ein und gibt dem Kunden spezifische Hilfestellung.[66]

Zusammenfassend lässt sich zunächst festhalten, dass eine bilaterale Kommunikation auf Seiten des Kunden und des Verkäufers auf individuellem Vorwissen und gleichzeitig einem gewissen Erfahrungshorizont innerhalb des jeweiligen Wertesystems fußt. Der Austausch hierüber und das Eingehen auf das Wertesystem und den Erfahrungshorizont des Kunden können als eine wesentlich Aufgabe des Kundenberaters angesehen werden, da diese die Motive des Kunden beeinflussen können, die es durch das Finanzdienstleistungsangebot zu bedienen gilt.

Im nächsten Kapitel wird der Begriff der Kooperation als Grundhaltung für eine wertschätzende und kundenzentrierte Kommunikation genauer betrachtet.

3.2.2 Kooperation

Zunächst wird der Begriff Kooperation inhaltlich betrachtet und im Sinne der Fragestellung abgrenzt, um ihn im Weiteren mit der kundenzentrierten Kommunikation in Verbindung zu bringen. Der dem Lateinischen entlehnte Begriff Kooperation bedeutet „gemeinsam mit etwas beschäftigt sein“[67] und kann als quantitativ und qualitativ ausgewogenes Miteinander der Gesprächspartner innerhalb der kooperativen Gesprächsführung verstanden werden.[68] Kooperatives Gesprächsverhalten der Gesprächspartner drückt sich demgemäß im symmetrischen Verhalten der Beteiligten aus, welches eine partnerschaftliche Kommunikation und aktive Mitwirkung aller an der Kommunikation Beteiligten bedingt.[69]

Die Definition von Geißner schafft diesbezüglich eine Basis, die den Kern der partnerschaftlichen Kommunikation begründet, indem „Gemeinsamkeit“ betont wird:

66 Vgl. Reisenbichler, I. (1986), S. 32

67 Bartsch, E./Marquart, T. (1999), S. 49

68 Vgl. Bartsch, E./Marquart, T. (1999), S. 51

69 Kommunikation geht im europäischen – in Abgrenzung zur amerikanischen Auslegung in Folge der Watzlawickschen Betrachtung „man kann nicht nicht kommunizieren“– eher vom Lateinischen Com-Munus aus, also von einer gemeinsamen Aufgabe bzw. Obliegenheit oder gemeinsamen Sache etc. Vgl. Bartsch, E. (1990), S. 40

> Gespräch als Prototyp der Kommunikation, ist als mündliche Kommunikation die intentionale, wechselseitige Verständigungshandlung mit dem Ziel, etwas zur gemeinsamen Sache zu machen bzw. etwas gemeinsam zur Sache zu machen.[70]

Asymmetrische Kommunikation ist dagegen im Sinne der (Rede)rhetorik mit den Begriffen „Durchsetzungsrhetorik, überreden, überfahren, überwältigen" beim Redner und beim Hörer mit „gehorchen, resignieren, (insgeheim) opponieren" verbunden. Durch das Überreden des Gesprächspartners wird dessen Bezugssystem kurzgeschlossen und „er wird zum Handeln im Reflex gebracht".[71] Demgegenüber prägt die symmetrische Kommunikation eine „argumentative Rhetorik des Überzeugen und Beteiligen" seitens des Redners und „mitdenken, mitentscheiden, mitbestimmen, mithandeln" seitens des Hörers, der durch Reflexion zum Handeln befähigt wird.[72] Eben dieses Mitdenken und Mitentscheiden konkretisieren die bereits im vorigen Kapitel gemachten Ausführungen zur nachhaltigen Überzeugung des Kunden, das sich in der Folge in Kundenzufriedenheit und Vertrauen in den Kundenberater niederschlagen wird, worauf wir in Kapitel 3.2.3.1 eingehen werden.

Der zuvor genannte Aspekt des Überzeugens wird ebenfalls in der kooperativen Rederhetorik spätestens in der Elocutio als dritter Teilbereich der klassischen Einteilung der Redegliederung behandelt.[73] Er umfasst die Einkleidung der Rede in Worte durch Einnahme der Hörerperspektive und dessen Lebenswirklichkeit. Auch hier geht es für den Sprecher darum, sich in die Gefühlslage seiner Hörer hineinzuversetzen. Es entsteht neben dem personalen Bezug, der emotionalen Kooperation, die „Integration des Vorwissens der Hörer in die Sach-Arbeit".[74] Dieses kann unmittelbar auf ein Beratungsgespräch übertragen werden: Der Kunde soll sich bei der Auswahl in der für ihn aus Sicht des Verkäufers richtigen Dienstleistung vollständig wiederfinden und sowohl inhaltlich als auch emotional von dem Kundenberater „abgeholt" werden. Dennoch wird stets ein Rest als „Stempel" der Präsuppositionen des Verkäufers in dessen Äußerungen verbleiben, da er von seinem individuellen Denken und Handeln geprägt ist.[75]

Zum Aufbau der für den Kunden passenden Argumente und gemeinsamen Erarbeiten eines geeigneten Finanzprodukts ist es im Sinne der kooperativen, kundenzentrierten Kommunikation daher von besonderer Bedeutung, ein möglichst

70 Geißner, H. (1981), S. 45
71 Geißner, H. (1969), S. 54 f.; ebenso Grießbach, T./Lepschy, A. (2015), S. 23
72 Bartsch, E. (1990), S. 40
73 1. Inventio, 2. Dispositio 3 Elocutio, 4. Memoria, 5. Actio. Vgl. Ottmers (2007), S. 13
74 Bartsch, E. (1990), S. 42; ebenso Grießbach, T./Lepschy, A. (2015), S. 23
75 Vgl. Hörmann, H. (1976), S. 415

umfassendes Bild von den Vorstellungen, Zielen und Wünschen des Kunden zu erhalten. Der Kundenberater sollte zudem bei der sprachlichen Auswahl aus der Vielzahl von Informationen und Aspekten, die für den Kunden von Bedeutung und Relevanz sind, vermeiden, dass er vornehmlich diejenigen im Sinne einer Ich-Fixiertheit seiner eigenen sprachlichen Äußerungen bewusst oder unbewusst auswählt, die seinem eigenen Lebensbereich und kognitiven Vorstellungsmöglichkeiten entsprechen, sondern eine auf den Kunden und dessen lebensweltliche Sicht gerichtete Kommunikation sicherstellen.[76]

Neben den beschriebenen Aspekten der inhaltlichen Auswahl der Argumente und sprachlichen Gestaltung des Gesprächs sorgt insbesondere der Kundenberater für ein ausgewogenes Gespräch. Zwar sind in der kooperativen Kommunikation die Gesprächspartner gleichsam verantwortlich, für ein Gleichgewicht in personaler und sachlicher Beziehungsarbeit zu sorgen, indem Sprechgelegenheit gegeben und Rezeptionsarbeit signalisiert wird.[77] Doch darf für die Beratungspraxis dieses als eine wesentliche Aufgabe des Kundenberaters angenommen werden.

Der dialogischen Grundbewegung nach Buber kann ein vertiefendes Verständnis als Leitgedanke für drei grundlegende Verhaltensweisen des Verkäufers entlehnt werden: Beobachten, Betrachten und Innewerden. Die Beobachtung nimmt Einzelheiten wie Worte, Gesten, Bewegungen und Körperhaltung auf. Wünsche, Bedürfnisse, Ziele und Erwartungen des Kunden bleiben zunächst unberücksichtigt. Durch das Betrachten wird der Kunde in seiner Gesamtheit erfasst. Allerdings geschieht dies aus der Perspektive des Beraters im Sinne einer externen Außensicht. Das Innewerden ist im Weiteren die Perspektivübernahme: Der Verkäufer versetzt sich in die Lage des Kunden und versucht ihn aus seiner Lebenswirklichkeit heraus zu verstehen.[78] Der andere macht mich mitverantwortlich.

Das erfordert,

> dass jeder seinen Partner als diesen, als eben diesen Menschen meint. Ich werde seiner inne, werde dessen inne, dass er anders, wesenhaft anders ist als ich, in dieser bestimmten, ihm eigentümlichen einmaligen Weise wesenhaft anders als ich, und ich

---

76 Vgl. Hörmann, H. (1976), S. 410

77 Vgl. Bartsch, E. (1990), S. 44

78 Buber spricht beim Innewerden von einem tieferen inneren Band der Verbindung zweier Menschen, welche nicht in Worte zu fassen sei. Ob eine solche nahezu transzendentale Verbindungsarbeit von einem Berater zu erwarten sei, könnte aus Sicht des Verfassers dieser Arbeit fraglich sein. Vgl. Buber, M. (1973), S. 150 – 153

nehme den Menschen an, den ich wahrgenommen habe, so dass ich mein Wort in allem Ernst an ihn, eben als ihn, richten kann.[79]

Die dialogische Grundbewegung führt zu einem „echten" Gespräch, das die drei Merkmale „Sprechen statt reden", „Sprechen statt diskutieren" und „miteinander" beinhaltet.

Sprechen als partnerschaftlicher Dialog setzt Zuhören als zwingende Handlung für Sprechen voraus mit der Bereitschaft zum Zuhören, Geduld zum Zuhören und dem genauen und richtigen Zuhören. Dabei gilt, dass „zuhörendes Schweigen intensives Gespräch" ist.[80] Kapitel 3.5 wird diesen Aspekt detaillierter beleuchten.

Diskussionen beinhalten Argumente tendenziell aus der eigenen Sichtweise, während ein echter Dialog eine auf die Ziele und Nutzen des Kunden aufgebaute Argumentation umfasst. Dementsprechend ist „Verkaufen [ist] die Übereinstimmung von Nutzen für den Verkäufer [die Bank] und dem Nutzen des Kunden in einer für alle Seiten optimalen Weise."[81] Dieser Vorgang begründet im Laufe des Gesprächs bzw. des Abschlusses das Miteinander des Kunden und des Kundenberaters.

Kooperation in dem zuvor ausgeführten Sinne bedeutet für den Kundenberater im Wesentlichen eine unvoreingenommene und wertschätzende Grundhaltung, die den Erfahrungshorizont sowie die Vorstellung und Wünsche des Kunden respektiert und den Kunden in die Lage versetzt, sich aktiv in das Beratungsgespräch einzubringen, und ihm letztendlich die ausschließliche Entscheidungsfreiheit über den Abschluss oder Nichtabschluss überlässt.[82]

Als Kern der Betrachtungen dieses Kapitels kann zusammenfassend festgehalten werden, dass eine kooperative Kommunikation als grundsätzliche Voraussetzung

79 Buber, M. (1973), S. 283

80 Reisenbichler, I. (1986), S. 32; Buber beschreibt hier intensives Schweigen eher als transzendentalen Akt der Mitteilung, bei dem Menschen bereit sind, ihr Innerstes durch schweigende Mitteilung dem anderen zu offenbaren. Vgl. Buber, M. (1973), S. 141 ff.

81 Reisenbichler, I. (1986), S. 33

82 Wertschätzung kann in unserem Kontext mit Akzeptanz und Anerkennung des Wertes des Gesprächspartners in seiner Gesamtheit als Mensch mit seinen individuellen Erfahrungen verstanden werden, mit dem ein Austausch gemäß der in der Transaktionsanalyse von Thomas A. Harris verwendeten Terminologie auf der Ebene des emanzipierten Erwachsenen-Ichs mit der Intention stattfindet, eine kundenzentrierte „Ich bin o.k. – du bist o.k."-Entscheidung für den Kunden herbeizuführen. Vgl. Harris, T. (2014)

einer kundenzentrierten Beratung angenommen werden kann. Der Berater gibt dem Kunden Raum, seine Vorstellungen zu äußern, versetzt sich kommunikativ und kognitiv in die Perspektive des Kunden und überlässt ihm die endgültige Entscheidungsfreiheit. Dieser permanente Hörerbezug als Basis kooperativer Rhetorik wird mit Hilfe von fünf Kriterien durch Elmar Bartsch konkretisiert, auf die hier lediglich verwiesen werden kann.[83]

Zusammenfassend lässt sich aus den Kapiteln 3.1 und 3.2.2 die folgende Hypothese formulieren:

H2: Eine kooperative und kundenzentrierte *Grundhaltung* hat einen positiven Einfluss auf die *Zielerreichung* eines Kundenberaters.

Das nächste Kapitel befasst sich mit den Dimensionen qualitativer Kommunikation, die die zuvor ausgeführten Aspekte fördern können. Dabei wird zunächst auf die Kommunikationsqualität in der Bankberatung als Besonderheit im Dienstleistungssektor und Differenzierungsmerkmal eingegangen und im Weiteren die Teilaspekte Inhalt und Beziehung in der Kommunikation konkreter aufgespannt.

3.2.3 Qualität

3.2.3.1 Merkmale in der Bankberatung

Die durch den Kunden beurteilte Qualität der Bankdienstleistung lässt sich in objektive, d. h. auf den Anbieter bezogene, oder subjektive Elemente als Wahrnehmung und Bewertung durch den Kunden differenzieren. Insgesamt wird Qualität als Erfüllungsgrad eines individuellen Abnehmerbedürfnisses klassifiziert.[84]

Die qualitative Beurteilung von Bankdienstleistungen richtet sich unter anderem nach der Verlässlichkeit, der Bereitschaft zur Unterstützung von Problemlösungen, der Glaubwürdigkeit und dem Kundenverständnis.[85]

Inwieweit sich der Kunde in der Berater-Kunden-Kommunikation mit seinen Vorstellungen, Wünschen und Bedürfnissen wiederfindet, hängt von der von ihm

83 Vgl. Pabst-Weinschenk, M. (2008), S. 11

84 Vgl. Meffert, H./Burmann, C./Kirchgeorg, M. (2012), S. 310

85 Die Glaubwürdigkeit umfasst Kompetenz, Höflichkeit und Vertrauenswürdigkeit. Das Kunden-verständnis beinhaltet Einfühlungsvermögen und Bereitschaft zur Berücksichtigung individueller Wünsche. Vgl. Meffert, H./Burmann, C./Kirchgeorg, M. (2012), S. 313

wahrgenommenen Kommunikationsqualität ab, die sich im Erfüllungsgrad seiner Erwartungen widerspiegelt. Im Umkehrschluss liegt die erfolgreiche Gestaltung der Berater-Kunden-Kommunikation in der Fähigkeit des Beraters, sich in die Perspektive des Kunden hineinzuversetzen und die Kommunikation adressatengerecht zu gestalten (vgl. u. a. Kapitel 3.1). Die Qualität sprachlicher Kommunikation liegt letztlich in der Herstellung von gemeinsamer Bedeutung oder in der Sinnkonstitution.[86] Sinn entsteht in unserem Kontext dann, wenn die angebotene Dienstleistung zur Erfüllung des Kundenwunsches passt und der Kunde sie als solche wahrnimmt und bewertet.

Bartsch und Marquart halten die Differenzierung von Sach- und Personenbezug für treffender als die von Watzlawick et al. verwendete Unterscheidung der Kommunikation in Inhalts- und Beziehungsaspekt, da sachliche Darstellungen auch Beziehungen seien bzw. Relationen zwischen Sender und Empfänger eben auch einen Inhalt beinhalten.[87] Mit Blick auf eine gelingende Kommunikation führen sie aus, dass diese sowohl persönlicher als auch sachlicher Ausprägungen bedürfe. Während der erste Teil zu Beginn und Ende eines Gesprächs hilfreich sei, sei die sachliche Gestaltung der Mitte sinnvoll.[88] Wir folgen im weiteren Verlauf dieser Arbeit der von Watzlawick et al. angebotenen Unterscheidung in Inhalts- und Beziehungsaspekt, um auf das bereits von Bruhn et al. verwendete Modell aufzubauen.

Unabhängig von der Aufspaltung der Kommunikationsqualität in Teilbereiche kommt ihr in ihrer Gesamtheit insbesondere bei komplexen Leistungen eine besondere Bedeutung im Hinblick auf die Wahrnehmung von Leistungsmerkmalen des Unternehmens zu.[89] Verschiedene Untersuchungen weisen zudem nach,

> dass die persönliche Kommunikation positive Effekte auf das kundenseitige Commitment haben kann und diese daher von hoher Bedeutung für den Erhalt und die Intensivierung von Geschäftsbeziehungen ist.[90]

Wie Abbildung 2 darstellt, können der Kommunikationsinhalt und die Kommunikationsbeziehung als Dimensionen der Kommunikationsqualität aufgefasst werden. Diese wirken in ihrer Gesamtheit auf die Kundenzufriedenheit und das Vertrauen sowie in ihrer jeweiligen Folge auf die Kundenbindung. Die Beziehungsdauer nimmt ihrerseits Einfluss auf den Kundenbindungsprozess. Die einzelnen Aspekte werden nachfolgend genauer betrachtet.

---

86 Vgl. Bartsch, E./Marquart, T. (1999), S. 25
87 Vgl. Bartsch, E./Marquart, T. (1999), S. 25
88 Vgl. Bartsch, E./Marquart, T. (1999), S. 25
89 Vgl. Bruhn, M./Hadwich, K./Frommeyer, K. (2010), S. 8
90 Bruhn, M./Hadwich, K./Frommeyer, K. (2010), S. 8/9

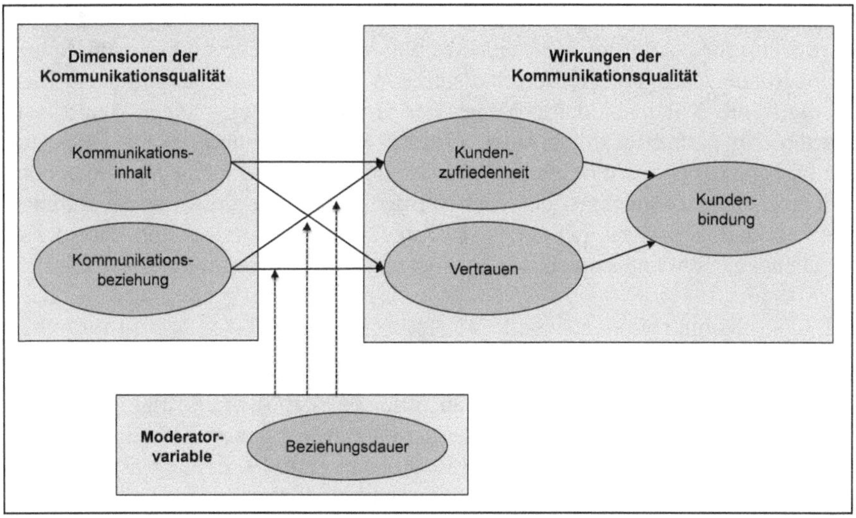

Abbildung 2: Wirkungsmodell der wahrgenommenen Kommunikationsqualität[91]

Kundenzufriedenheit kann als eine Ex-post-Beurteilung des Kunden verstanden werden, die auf positiven Erfahrungswerten des Kunden gründet, die wiederkehrend als Verhaltensverstärker fungieren und die Wahrscheinlichkeit der Wiederwahl des Anbieters erhöhen. Als psychologische Ursache für Verbundenheit gilt sie als Schlüsselfaktor für Kundenbindung.[92] Demgemäß sind Nachkaufdissonanzen und Bedauern der Kaufentscheidung infolge von Diskrepanzen zwischen den Kundenerwartungen und seinen folgenden Erfahrungen zu vermeiden bzw. möglichst gering zu halten.[93] „Besonders kurzsichtig verhält sich der Verkäufer also, wenn er in seiner Argumentation zu Übertreibungen oder offenkundigen Unwahrheiten greift."[94]

Entgegen dieser vergangenheitsorientierten Betrachtung stellt das Vertrauen eine in die Zukunft gerichtete Haltung des Kunden dar. Folglich beeinflusst die Kundenzufriedenheit auch das Vertrauen.[95]

91 Vgl. Bruhn, M./Hadwich, K./Frommeyer, K. (2010), S. 14
92 Vgl. Bruhn, M./Hadwich, K./Frommeyer, K. (2010), S. 16
93 Vgl. Trommsdorff, V./Teichert, T. (2011), S. 313 ff.
94 Bänsch, A. (2013), S. 27f
95 Vgl. Bruhn, M./Hadwich, K./Frommeyer, K. (2010), S. 15

Menschliche Entscheidungen fußen auf Vertrauen, das damit eine wichtige Voraussetzung für zukünftige Verhaltensweisen des Kunden gegenüber dem Anbieter begründet.[96] Es stellt ferner eine starke Wechselbarriere dar und beeinflusst ebenfalls die Kundenbindung. Neben der Grundausrichtung einer kundenzentrierten und partnerschaftlich ausgerichteten Kundenberatung ist mit Blick auf die Dissonanztheorie zu beachten, dass Dissonanzen umso mehr vermieden oder reduziert und Konsonanzen gefördert werden können, je besser es im Rahmen des Verkaufsgesprächs gelingt, den Kunden zu aktivieren und ihn durch Eigenengagement und Eigenüberzeugung zum Produktabschluss zu bewegen.[97]

3.2.3.2 Kommunikationsinhalt

Der kommunikative Austausch der Gesprächsteilnehmer kann als Interaktion mit der Abfolge einzelner Interpunktionen, also als der wechselseitige Austausch einzelner Mitteilungen bezeichnet werden.[98] Bei genauerer Betrachtung einer Mitteilung lässt sich diese in einen Inhalts- und einen Beziehungsaspekt differenzieren, wobei der Inhalt als reine Information verstanden wird. Dabei ist es unerheblich, ob die Information richtig oder falsch bzw. gültig oder ungültig ist bzw. als ausgewogen beurteilt wird. Der Inhalt betrifft somit die Sachebene, das „Was?" der Kommunikation.[99]

In der Kunden-Berater-Kommunikation umfasst der Inhalt auf der Kundenseite Wünsche, Bedürfnisse, Ziele, Erwartungen und dergleichen und auf der Seite des Beraters Informationen zu den Produkten wie Laufzeiten, Preise, Risiken und weitere Aspekte zum Beispiel über Rahmenbedingungen und Markttendenzen.

3.2.3.3 Kommunikationsbeziehung

Der Beziehungsaspekt der Kommunikation gibt Auskunft darüber, wie die geäußerte Information vom jeweiligen Perzipienten aufgefasst werden soll, und ist mit der Metakommunikation gleichzusetzen, die den Inhaltsaspekt bestimmt.[100] Die als analoge Kommunikation bezeichnete nichtsprachliche Kommunikation bringt vornehmlich Emotionen zum Ausdruck, die das Verhältnis zwischen dem Kommunikator und dem Rezipienten definiert.[101]

---

96 Vgl. Watzlawick, P./Beavin, J./Jackson, D. (2011), S. 209
97 Vgl. Bänsch, A. (2013), S. 28
98 Vgl. Watzlawick, P./Beavin, J./Jackson, D. (2011), S. 65
99 Vgl. Bruhn, M./Hadwich, K./Frommeyer, K. (2010), S. 11
100 Vgl. Watzlawick, P./Beavin, J./Jackson, D. (2011), S. 64
101 Vgl. Schneider, D./Rechtien, W. (1991), S. 150 f

Beziehungsformen zwischen Interaktionsteilnehmern können symmetrisch oder komplementär sein, also auf Gleichheit oder Unterschiedlichkeit beruhen. Die symmetrischen Beziehungen sind durch ein Streben nach Gleichheit gekennzeichnet. Hingegen ergänzt in der komplementären Sicht das Verhalten des einen Partners das des anderen. Diese Strukturen sind dadurch gekennzeichnet, dass sie eine primäre (superiore) und eine sekundäre (inferiore) Position haben, die nicht mit gut und schlecht, härter und schwächer oder besser und schlechter gleichgesetzt werden können. Sie sind zum Beispiel gesellschaftlich oder kulturell begründet wie eine Arzt-Patient-Beziehung oder übertragen auf den Bereich der Finanzdienstleistungen die von Berater und Kunde.[102]

Beziehungen werden jedoch nur selten explizit bewusst und ausdrücklich definiert, insbesondere dann nicht, wenn diese spontan, harmonisch, konflikt- bzw. störungsfrei sind. Konflikthafte Beziehungen hingegen werden häufiger thematisiert und es wird um eine „Definition" dieser gerungen; dabei tritt dann der Inhaltsaspekt in den Hintergrund oder verliert vollkommen an Bedeutung.[103]

Der als Interaktion bezeichnete wechselseitige Ablauf von Mitteilungen zwischen zwei oder mehreren Personen erfolgt nicht bloß mit Worten, sondern eben auch paralinguistisch durch Tonfall, Modulation, Sprechtempo oder nonverbal durch u. a. Körperhaltung und Körpersprache. Dieses Verhalten findet immerwährend statt. Selbst der Versuch, sich dem anderen gegenüber nicht mitzuteilen und sich nicht auszudrücken, ist gleichsam Mitteilung und Ausdruck.[104]

Ehe wir im weiteren Verlauf dieser Arbeit auf Teilbereiche der menschlichen Kommunikation eingehen, werden wir im nächsten Kapitel zunächst Systematisierungen von Verkaufsgesprächen betrachten, um darauf aufbauend eine Vertiefung der Analysephase vorzunehmen, die den grundsätzlichen Schwerpunkt der empirischen Studie bildet.

3.3 Grundzüge von Beratungsgesprächen

3.3.1 Einführung

Als Beratungsgespräch kann der Dialog mindestens zweier Beteiligte, dem Verkäufer und Käufer, mit dem Ziel eines Vertragsabschlusses verstanden wer-

102 Vgl. Watzlawick, P./Beavin, J./Jackson, D. (2011), S. 79 - 80
103 Vgl. Watzlawick, P./Beavin, J./Jackson, D. (2011), S. 58-63
104 Vgl. Watzlawick, P./Beavin, J./Jackson, D. (2011), S. 58

den.[105] Diesem Ziel geht der gegenseitige Austausch von Informationen der Interaktionspartner voraus.[106] Die Grundlage jeden Beratungsgesprächs sollte der partnerschaftliche Dialog sein, bei dem sich Kunde und Verkäufer auf Augenhöhe bewegen und der Kunde eigenverantwortlich und autonom agiert (vgl. u. a. Kapitel 3.1). Der Brückenschlag zwischen dem Nutzen für den Kunden, der im Zentrum steht, und dem des Verkäufers, also dessen individuelle oder bankbezogene Perspektive, bildet das für den Kunden passende Produkt.[107]

Sollte das Kundeninteresse aus den Augen verloren werden oder überredet der Berater den Kunden zum Erwerb eines Produktes, das dieser weder wünschte noch gebrauchen kann, wird die Vertrauensbasis unmittelbar oder zeitverzögert in Mitleidenschaft gezogen oder für immer gestört. Das Gleiche gilt für Aspekte, die im Beratungsgespräch von dem Berater als Vorteil oder Nutzen für den Kunden herausgestellt werden, sich im Nachhinein jedoch nicht oder nicht vollständig als richtig erweisen. Entsprechend stellt eine Beratungssituation immer eine besondere Vertrauenssituation dar.[108] Dazu ist es unabdingbar, sich in die Perspektive des Kunden hineinzuversetzen und die Fragen und Einwände zum Beratungsgegenstand aus dessen Welt und für seinen Nutzen zu betrachten. Es wird u. a. auf die Ausführungen in Kapitel 3.2.3.1 verwiesen.

Vor dem eigentlichen Gespräch ist eine gute Gesprächsvorbereitung unerlässlich, indem Informationen zum Kunden und zu dessen privatem und beruflichem Kontext sowie die Erfahrungen mit dem für das Gespräch zu Grunde liegenden Produkt oder der Dienstleistung gesammelt und bewertet werden. Dies kann als selektieren, popularisieren und strukturieren bezeichnet werden.[109]

Da die Informationsaufnahmefähigkeit von Perzipienten begrenzt ist (vgl. Kapitel 3.5.3.), können zu viele Informationen zu Abschalten, Fehlschlüssen oder willkürlicher Informationsauswahl durch den Kunden führen. Zudem ist die Speicherfähigkeit von Informationen begrenzt; Informationen werden zu Beginn und am Ende eines Gesprächs am Besten in Erinnerung behalten, wobei der Behaltensgrad durch Zwischenzusammenfassungen erhöht werden kann. Der Verstehens- und Behaltensprozess kann zusätzlich unterstützt werden, indem der Kundenberater sein sprachliches und inhaltliches Niveau an dem Wissensstand des Zuhörers ausrichtet und die Ansprache über verschiedene Sinneskanäle er-

105 Im Sinne dieser Arbeit wird Beratungsgespräch analog zu dem Terminus Verkaufsgespräch verstanden. Vgl. Kraft, H. (2016), S. 193

106 Vgl. Ivens, B./Leischnig, A. (2016), S. 540

107 Vgl. Reisenbichler, I. (1986), S. 127

108 Vgl. Pawlowski, K. (2005), S. 304

109 Vgl. Pawlowski, K. (2005), S. 304

folgt. Verständlichkeit als ein zentrales Kriterium erzielt der Sprecher insbesondere „durch Anschaulichkeit, indem er sich an die Denk-, Erfahrungs- und Gefühlswelt seiner Zielgruppe anschließt."[110] Sowohl ein nachvollziehbarer Aufbau und roter Faden als auch das Setzen von Schwerpunkten durch Trennen wesentlicher von unwesentlichen Inhalten machen es dem Zuhörer leichter, dem Gespräch zu folgen.[111] Ferner gilt Einfachheit der Sprache als zentrales Kriterium für Verständlichkeit, indem beispielsweise auf Weichmacher, Relativierungen und Füllwörter verzichtet wird.[112]

Der Verkäufer sollte während des gesamten Verkaufsprozesses eine bestätigende Grundhaltung einnehmen und nicht als Besserwisser, Erzieher oder Lehrmeister auftreten. Punktuelle „Belohnungen" in Form von Bestätigungen oder Lob sind verstärkende Effekte und helfen Konfrontationen mit dem Kunden zu vermeiden.[113]

In dem nun folgenden Kapitel werden wir zunächst einen Überblick über verschiedene Ansätze zur Struktur von Verkaufsgesprächen geben, ehe am Beispiel eines Modells insbesondere die Analysephase genauer betrachtet wird.

3.3.2 Strukturierung von Verkaufsgesprächen

In der Literatur und in der Praxis werden die Phasen eines Verkaufsgesprächs mit unterschiedlichen Begriffen und divergierendem Detaillierungsgrad dargestellt. Grundsätzlich kann der Verkaufsprozess in die drei Phasen des Vorverkaufs, Verkaufs und Nachverkaufs unterschieden werden, wobei die zweite Phase als Interaktion der Gesprächspartner im Kern dieser Arbeit steht.[114]

Die Abgrenzung der Verkaufsphase kann anhand verschiedener Systematisierungen erfolgen beispielsweise durch die AIDA-Formel[115], BEDAZA-Formel[116], die DIBABA-Formel[117] oder die VERKAUFSPLAN-Formel[118]. Alle Ansätze

110 Vgl. Grießbach, T./Lepschy, A. (2015), S. 76

111 Vgl. Schneider, D./Rechtien, W. (1991), S. 115 f

112 Vgl. Langer/Schulz von Thun/Tausch (2011), S. 65 ff.

113 Vgl. Bänsch, A. (2013), S. 63

114 Vgl. Bänsch, A. (2013), S. 44 ff.

115 Attention = Aufmerksamkeit, Interest = Interesse, Desire = Kaufwunsch auslösen, Action = Abschluss, vgl. Kraft, H. (2016), S. 196

116 Begrüßungs-, Eröffnungs-, Demonstrations-, Abschluss-, Zusatzverkaufs- und Abschieds-technik, vgl. Bänsch, A. (2013), S. 44

117 Definition der Kundenwünsche, Identifizierung des Angebots mit den Kundenwünschen, Beweisführung für den Kunden, Annahme der Beweisführung durch den

vereinen im Wesentlichen die Zielsetzung, ein Verkaufsgespräch zu strukturieren und gliedern, um dem Kundenberater einerseits einen roten Faden als Orientierung zu geben und andererseits Interaktionsstrategien in den einzelnen Phasen zu formulieren. Die Ansätze der Detaillierung sind jedoch unterschiedlich ausgeprägt. Neben den aufgeführten nimmt Bänsch beispielsweise eine Dreigliederung vor, indem er das Gespräch in Anbahnung des Geschäfts (Kontaktphase), Geschäftsverhandlungen (Aufbau- und Hinstimmungsphase) und Geschäftsabschluss mit Anbahnung weiterer Geschäfte (Abschluss und Weiterführungsphase) unterteilt.[119] Alle Klassifizierungen scheinen zu gering oder zu tief differenziert zu sein.

Die von Allhoff vorgeschlagene Unterscheidung in sechs Phasen eines Verkaufsgesprächs in Kontaktphase, Informationen vom Kunden, Darstellung des Angebots/Produkts/der Dienstleistung, Argumentation, Auseinandersetzung mit Bedenken, Widersprüchen, Nachfragen des Kunden und Konkretisierung und (evtl.) Abschluss lässt nach Ansicht des Verfassers nicht die gewünschte klare Trennung der Phasen drei bis fünf in der Praxis realistisch erscheinen. Eine neutrale, sachliche Vorstellung des Produktes ohne Nutzendarstellung für den Kunden sowie eine Auseinandersetzung mit möglichen Einwendungen oder Fragen ist vielmehr ein fortlaufender, in sich geschlossener Prozess mit wechselseitiger Aktivität.[120]

Die Arbeit folgt deshalb im Weiteren der von Reisenbichler um eine Phase kürzeren Klassifizierung nach dem BAAAV-Prinzip (Begrüßung, Analyse, Angebot, Abschluss und Verabschiedung). Diese Differenzierung scheint aus Sicht des Verfassers einerseits den Gesprächsverlauf in der Praxis optimal zu reflektieren und andererseits die Eingrenzung der empirischen Analyse im Wesentlichen auf die Analysephase des Gesprächs zu ermöglichen. Der Teilbereich der Analyse wird nachstehend detaillierter betrachtet, während die übrigen Phasen zunächst in einem Überblick dargestellt werden.[121] Auf die Darstellung sowohl der Vorbereitungs- als auch Nachbereitungsphase des Verkaufsgesprächs wird gänz-

Kunden, Begehren des Kunden auslösen, Abschluss durchführen. Vgl. Goldmann, H. (1982), S. 255 ff

118 Vorplanung des Arbeitseinsatzes, Erfassung der Grunddaten, Referenz-Inventur, Kontaktaufnahme, Appell an die Motivation, Untersuchung der Bedarfslage, Fassung der Bedarfslage, Spezifizierung des Angebots, Prüfung der Argumente, Liquidierung von Einwänden, Abschlussvorschlag, Nachfassarbeit. Vgl. Bänsch, A. (2013), S. 45

119 Vgl. Bänsch, A. (2013), S. 45

120 Vgl. Allhoff, D.-W./Allhoff, W. (2010), S. 204

121 Vgl. Reisenbichler, I. (1986), S. 127

lich verzichtet, da der Fokus dieser Arbeit auf der Kommunikation zwischen dem Kunden und dem Berater liegt.

3.3.2.1 Das BAAAV-Prinzip im Überblick

Das BAAAV-Prinzip von Reisenbichler gliedert ein Verkaufsgespräch in die Begrüßungs-, Analyse-, Angebots-, Abschluss- und Verabschiedungsphase. In der Begrüßungsphase soll insbesondere eine gute und positive Gesprächsatmosphäre geschaffen werden, die die Grundlage für die partnerschaftliche Kommunikation bildet, und dient vor allem der ersten Vertrauensbildung zwischen dem Berater und dem Kunden. Möglicherweise gibt es einen persönlichen Anknüpfungspunkt aus einem letzten Gespräch wie z. B. eine Reise, Geburt eines Kindes etc.

Der Berater klärt in dieser Phase die Rahmenbedingungen des Gesprächs wie zeitliche Restriktionen, besondere oder allgemeine Erwartungen des Kunden an das Gespräch bzw. dessen Inhalt oder sonstige Einschränkungen. Er formuliert noch einmal den Gesprächsanlass und gibt einen Überblick über den Gesprächsablauf. Die erste Phase sollte dann kürzer gefasst werden oder weitestgehend entfallen, wenn der Kunde bei der Vereinbarung des Gesprächstermins auf ein knappes Zeitbudget hingewiesen hat.[122] In dieser Phase generiert der Berater erste Hinweise, auf welcher sprachlichen Ebene er sich mit dem Kunden bewegen kann, und erfragt mögliche Erfahrungen des Kunden zum Gesprächsinhalt. Es wird diesbezüglich auf die Ausführungen insbesondere der Kapitel 2.4, 3.1 und 3.2.2 verwiesen. Pawlowski bezeichnet dieses „sich auf die sprachliche Ebene des Kunden Bewegen“ [123] als Popularisieren.

In der sich anschließenden Analysephase erfragt der Verkäufer die Erfahrungen, Wünsche, Bedürfnisse, Vorstellungen und spezifischen Erwartungen des Kunden sowie seine wirtschaftlichen Rahmenbedingungen bzw. Voraussetzungen und weitere wichtige Merkmale oder Einschränkungen.[124] Diese Phase wird im Anschluss an den Überblick genauer betrachtet.

In der Angebotsphase stellt der Verkäufer die Vorteile, also Mehrwerte oder Nutzen des Produktes/der Dienstleistung für den Käufer dar. Er greift auf die Informationen der Analysephase zurück, verknüpft diese mit seinem Fachwissen und argumentiert aus der Perspektive des Kunden. Er achtet darauf, dass die wesentlichen Punkte, die dem Kundennutzen am Besten entsprechen, besonders herausgestellt und im Gegenzug solche vernachlässigt werden, die weniger wich-

122 Vgl. Bänsch, A. (2013), S. 53

123 Pawlowski, K. (2005), S. 306

124 Vgl. Allhoff, D.-W./Allhoff, W. (2010), S. 204; ebenso Pawlowski, K. (2005), S. 307

tig bzw. für das Kundeninteresse irrelevant sind.[125] Statt des Produktes steht der Kundennutzen im Vordergrund und wird durch eine positive Argumentation und Ausdrucksweise unterlegt. Für die kundenzentrierten Kommunikation ist es von Bedeutung, den Kontakt zum Kunden zu behalten und ihn partnerschaftlich, im Sinne eines Dialogs, zu beteiligen (vgl. u. a. die Ausführungen in Kapitel 3.2.2). Der Kundenberater überlässt dem Kunden die Schlussfolgerungen und gibt ihm ausreichend Gelegenheit, Fragen zu stellen.

Sollte der Berater alle Fragen des Kunden beantwortet haben und sich „Abschlusssignale [lassen sich] aus dem Verhalten und/oder sprachlichen Äußerungen des Kunden erkennen“[126] lassen, geht der Kundenberater zur Abschlussphase über. Sie dient der Konkretisierung des Angebots. Zur Vertiefung der Abschlusssignale wird beispielsweise auf „Verkaufspsychologie und Verkaufstechnik“ von Bänsch bzw. „Verkaufen auf Augenhöhe“ von Schumacher verwiesen.[127] Diese vorletzte Phase leitet der Kundenberater durch eine Zusammenfassung ein und stellt gegebenenfalls einzelne Aspekte erneut gesondert heraus, sofern der Kunde letzte Bedenken oder Zweifel äußert. Ob der Kunde das Produkt erwerben möchte, Bedenkzeit benötigt oder beabsichtigt, sich mit Dritten auszutauschen, liegt in seiner Entscheidungsfreiheit. Voreiliges Drängen durch den Kundenberater bewirkt oft das Gegenteil: Der Kunde schließt den Vertrag nicht ab und verliert vielleicht das mühsam aufgebaute Vertrauen.[128]

Der letzte Gesprächsteil dient als Verstärker und soll die positive Gesprächsatmosphäre sichern helfen. Der als Verabschiedungsphase bezeichnete Abschnitt dient der Bestätigung des Kaufabschlusses und stärkt die persönliche Bindung zwischen dem Kunden und dem Verkäufer. Mögliche letzte Zweifel können ausgeräumt, bisher nicht gestellte Fragen oder offene Punkte angesprochen bzw. Folgeschritte erneut herausgestellt werden. In Anlehnung an den von Eric Berne beschriebenen symbolischen „Anerkennungs-Hunger“ kann es spätestens bei der Verabschiedung des Kunden von Bedeutung sein, ein explizites Lob für die getätigte Kaufentscheidung auszusprechen, um nicht Gefahr zu laufen, dass aufkommende Defizite durch Drittanbieter gestillt werden und der Kunde abzuwandern droht. Zur vertiefenden Betrachtung dieser Thematik wird vor dem Hintergrund der Schwerpunktsetzung der Arbeit auf die Literatur verwiesen.[129]

---

125 Vgl. Allhoff, D.-W./Allhoff, W. (2010), S. 204

126 Bänsch, A. (2013), S. 89

127 Vgl. Bänsch, A. (2013), S. 89; ebenso Schumacher, O. (2013), S. 106

128 Vgl. Pawlowski, K. (2005), S. 312

129 Vgl. Berne, E. (2014), S. 18 ff; ebenso Trommsdorff, V./Teichert, T. (2011), S. 315 ff.

Wie in den verschiedenen Gesprächsphasen dargestellt wurde, bedarf es für eine kundenzentrierte Kommunikation einer grundsätzlichen und durchgängigen Haltung des Kundenberaters. Da die Angebots- und Abschlussphasen auf die in der Analyse gewonnenen Informationen inhaltlich aufbauen, werden wir uns im weiteren Verlauf dieser Arbeit auf die Analysephase konzentrieren, da hier entscheidende Grundlagen der Kundenzentrierung gelegt werden.

3.3.2.2 Die Analysephase

Die Analysephase dient dazu, ein tiefes Verständnis für die Situation und die Ziele des Kunden zu erhalten. „Analysieren bedeutet hinterfragen, sich hineindenken in die Welt des Kunden, nicht ausfragen."[130] Der Berater ermittelt zwar in der Regel einige Informationen bereits im Vorfeld z. B. aus den EDV-Systemen, sollte sie aber noch einmal mit dem Kunden abgleichen, da sich in der Zwischenzeit Veränderungen auf der Kundenseite ergeben haben können.[131]

Das partnerschaftliche und beteiligende Verkaufsgespräch aktiviert den Kunden, so dass er über seine Motive Auskunft gibt bzw. unbewusste Motive durch das Gespräch zum Vorschein treten. Es wird auf die Ausführungen des Kapitels 2.4 verwiesen. Der Analysephase kommt insofern besondere Bedeutung zu, als dass sich die Auswahl des Produktes bzw. Argumentation des Verkäufers auf die in dieser Phase gewonnenen Aspekte beziehen sollte.[132]

Der Kundenberater stellt vor allem offene Fragen und paraphrasiert einzelne Äußerungen des Kunden, um Abschnitte zusammenzufassen, den Kunden zum Weiterreden anzuregen oder Verständnisfragen einzuleiten. Geschlossene Fragen bieten sich in der Regel an, um Fakten abzuklären.[133] Auf die Gesprächstechniken wird an späterer Stelle genauer eingegangen.

Nachdem im vorstehenden Kapitel ein Überblick über die unterschiedlichen Ansätze zur Gliederung von Verkaufsgesprächen gegeben wurde und die einzelnen Phasen des BAAAV-Prinzips insbesondere die Analysephase mit ihrer besonderen Bedeutung dargestellt wurden, befasst sich das nächste Kapitel mit ausgewählten Elementen des Gesprächsverhaltens und der Gesprächstechniken, die eine kundenzentrierte Kommunikation fördern. Zur Einordnung werden zunächst die grundsätzlich an der Kommunikation beteiligten Aspekte mit Hilfe der Differenzierung in Oberflächen- und Tiefenstruktur erläutert.

---

130 Pfersich, K. (2011), S. 50

131 Vgl. Pawlowski, K. (2005), S. 307

132 Vgl. Pfersich, K. (2011), S. 50

133 Vgl. Pawlowski, K. (2005), S. 307

3.4 Oberflächen- und Tiefenstruktur der Kommunikation

Sprechende wirken auf den/die Adressaten in ihrer Gesamtheit als „ein Zeichen“, das sich in der Rhetorik aus Teilelementen der Oberflächen- und der Tiefenstruktur zusammenfügt. Die erste Kategorie kann in verbale, paraverbale und extraverbale Aspekte unterschieden und als Mitteilung eines Sprechers verstanden werden. Während unter verbaler Struktur die verwendete Sprachnorm einer Gemeinschaft verstanden wird, umfassen die paraverbalen Elemente die akustisch wahrnehmbare Sprechsprache bzw. die extraverbalen die optisch wahrnehmbare Körpersprache.[134]

Die komplexe Tiefenstruktur bezieht sich auf den Inhalt der Kommunikation mit ihren strukturell-konzeptionellen und thematischen Elementen und Einwirkungsaspekten.[135] Sie umfasst die kognitiven Elemente im Sinne von Erkenntnishilfen, emotionale Elemente als Hilfen für den Personenbezug sowie aktivierende Elemente und umfasst als Ganzes sowohl das Bewusstsein als auch das Unterbewusstsein und tritt durch sogenannte Tilgungen zu Tage. Unter Tilgungen wird der Prozess verstanden, der entweder dadurch stattfindet, dass der Gesprächspartner bewusst Informationen oder Beweggründe, Wünsche etc. nicht äußern möchte oder kann, oder er selbst nicht weiß, was genau in ihm vorgeht. [136]

Vor dem Hintergrund des Forschungsinteresses dieser Arbeit setzen wir den Fokus insbesondere auf die Teilbereiche der Tiefenstruktur sowie auf die Sprachnorm mit den Aspekten des Satzbaus (kurz, lang, kompliziert) und den Modus (behauptend, befehlend, einladend, passivisch, persönlich) als ausgewählte Aspekte der Oberflächenstruktur. Zur Vertiefung der übrigen Aspekte verweisen wir auf die Literatur z. B. auf die „Grundlagen der Kommunikation“ von Bartsch und Marquart bzw. auf den tabellarischen Überblick der zuvor genannten Autoren im Anhang D bzw. Anhang E zu dieser Arbeit.[137] In „Rhetorik und Gesprächsführung“ von Hans Kraft bzw. „Einführung in die Kommunikationswissenschaft“ von Hanno Beth und Harry Pross werden unter anderem Elemente der nonverbalen und verbalen Kommunikation detaillierter beschrieben.[138]

Neben der Einteilung der Kommunikation in Oberflächen- und Tiefenstruktur lässt sich in der Literatur eine Differenzierung in Gesprächsverhalten und Ge-

134 Vgl. Bartsch, E./Marquart, T. (1999), S. 47
135 Vgl. Grießbach, T./Lepschy, A. (2015), S. 35
136 Vgl. Bartsch, E./Marquart, T. (1999), S. 48; ebenso Thomann, C./Schulz von Thun, F. (1988), S. 54
137 Vgl. Bartsch, E./Marquart, T. (1999)
138 Vgl. Beth, H./Pross, H. (1976), ebenso Kraft, H. (2016)

sprächstechniken finden, zu denen in den nachstehenden Kapiteln ein grober Überblick gegeben wird. Diejenigen Techniken, die aus Sicht des Autors besonders die kundenzentrierte Kommunikation in der Analysephase fördern können und u. a. bereits in Kapitel 3.1 ansatzweise thematisiert wurden, werden vertiefend im Sinne einer Auswahl dargestellt. Mit Blick auf die Konzeption der empirischen Arbeit werden innerhalb der einzelnen Abschnitte Teilhypothesen formuliert.

3.5 Gesprächsverhalten

3.5.1 *Sprecherwechsel*

Wie in Kapitel 3.2.3.2 skizziert, kann menschliche Kommunikation als Ablauf einzelner Interpunktionen mit dem Austausch von wechselseitigen Mitteilungen bezeichnet werden. Diese Interpunktionen werden bei verbalen Dialogen durch einen jeweiligen Sprecherwechsel geprägt. Dabei spielt eine Rolle, wer bzw. wie lange der jeweilige Gesprächspartner spricht. Zudem wird in Gesprächsrituale und Sprechhandlungssequenzen differenziert.

Auf der Seite des Sprechers können Signale zum Sprecherwechsel körpersprachlich durch Zurücklehnen bzw. auffordernden Blickkontakt und/oder durch den Sprechausdruck wie beispielsweise Stimmsenkungen, Pausen oder Reduzierung der Lautstärke erfolgen. Zur Vertiefung der verschiedenen Arten des Schweigens als Aspekt der Pausen wird auf „Verkaufen auf Augenhöhe“ von Schumacher verwiesen.[139]

Der Hörer signalisiert zum Beispiel durch tiefes Einatmen, Körperstraffung, Nachvornebeugen, intensiven Blickkontakt, Räuspern, Floskeln wie „also...“ oder rasches Nicken, dass er sich äußern möchte.[140] Hinsichtlich des Blickkontaktes sind insbesondere das Monitoring und das Regulative hervorzuheben. Beim Erstgenannten

> [blickt] der Sprecher seinen Partner an, um ihm den Abschluss einer Gedankeneinheit zu signalisieren und sich von der Antwortbereitschaft des Partners zu überzeugen[141],

wohingegen er regulierend durch den Blickkontakt Äußerungen des Partners fordern oder unterdrücken kann.

139 Vgl. Schumacher, O. (2013), S. 119 ff
140 Vgl. Pawlowski, K. (2005), S. 126
141 Hörmann, H. (1976), S. 330

Für das kundenzentrierte Beratungsgespräch kann zusammengefasst herausgestellt werden, dass der Kundenberater dem Kunden hinreichend Möglichkeiten gibt, sich in das Gespräch einzubringen. Es bedarf dazu einer permanenten Rückkopplung zum und durch den Kunden und einer aufmerksamen Beobachtung durch den Kundenberater. Vor allem sollte der Kundenberater es vermeiden, den Kunden voreilig in seinen Gedanken zu unterbrechen. Auch körpersprachliche Signale, die insbesondere Zweifel, Fragen oder eine ablehnende Haltung zum Ausdruck bringen, bedürfen der Klärung. Als Leitgedanke für die Beratung kann der Grundsatz formuliert werden: Ein Kunde, der nicht ausgeredet hat, wird nicht zuhören.

H6a: Die beschriebenen Aspekte zum *Sprecherwechsel* haben einen positiven Einfluss auf das *Gesprächsverhalten* zur Förderung einer kundenzentrierten Kommunikation.

3.5.2 *Redeanteile*

In Kapitel 3.1 wurde mit Verweis auf Carl R. Rogers der Aspekt der Redeanteile herausgestellt.[142] Bei den direktiven Interviews hatte der Berater einen dreimal höheren Redeanteil als der Klient. Bei den nicht-direktiven Interviews lag der Redeanteil des Beraters hingegen bei weniger als die Hälfte.[143]

Untersuchungen zur Sprachmenge haben zudem ergeben, dass Gesprächsteilnehmern mit höheren Gesprächsanteilen ein höherer sozialer Status zugewiesen wird und diese als Verhandlungsführer betrachtet werden, woraus umgekehrt geschlossen werden kann, dass es in Verkaufsgesprächen von Bedeutung sein kann, dem Kunden den größeren Redeanteil zu überlassen, damit er den Schluss ziehen kann, in der Rolle des Gestalters und Entscheiders zu sein.[144]

Zudem gilt vor allem in der Analysephase des Verkaufsgesprächs durch Anwendung entsprechender Fragetechniken, möglichst viel von dem Kunden über seine Ziele, Wünsche und Bedürfnisse zu erfahren (vgl. dazu u. a. Kapitel 3.3.2.2 und 3.6.2). Als Leitgedanke für Kundenberater könnte gelten: „Denke daran, dass du mit zwei Ohren, aber nur einem Mund geboren bist – Du solltest doppelt so viel zuhören wie reden!“[145]

---

142 Vgl. Rogers, C. (2007), S. 115
143 Durchschnittswert direktiv = 2,77; Durchschnittswert nicht-direktiv = 0,47
144 Vgl. Bänsch, A. (2013), S. 9
145 Vgl. Bänsch, A. (2013), S. 9

H6b: Ein ausgewogenes Verhältnis der *Redeanteile* hat einen positiven Einfluss auf das *Gesprächsverhalten* zur Förderung einer kundenzentrierten Kommunikation.

3.5.3 *Zuhören und Hörverstehen*

Hören und Sprechen sind zwei interaktive, zusammengehörende Vorgänge, die als Komplementärhandlungen verstanden werden können.[146] Hörverstehen selbst kann nicht unmittelbar beobachtet werden. Lediglich die äußerlich sichtbaren Reaktionen oder die im Akt des Dialogs formulierten und ausgesprochenen Gedanken des Hörers lassen darauf schließen, ob und was er von dem verstanden hat, was der Sprecher ihm vermittelt hat oder vermitteln wollte. Die Rollen des Sprechers und Hörers wechseln sich in der Regel ab, wobei ein Sprecher gleichzeitig auch Hörer seiner eigenen Äußerungen ist und diese dadurch reflektieren kann.[147]

Präziser als von Hören sollte in diesem Kontext von Zuhören gesprochen werden, das sich durch die Intention zur Selektion der auditiven Informationen, die Integration dergleichen in die „kognitive Struktur des Rezipienten“ sowie dadurch, dass der Zuhörer kognitiv und motivational aktiv ist, vom reinen Hören abgrenzen lässt.

Weiterhin erfordert „die Tätigkeit des Zuhörens [...] den Einsatz energetischer Aktiviertheit“[148], die bereits in Kapitel 2.4 unter Einflussfaktoren auf das Kaufverhalten genannt wurde.

Zusammengefasst kann Zuhören als eine „intentionale Selektion, Organisation und Integration verbaler und nonverbaler Aspekte akustisch vermittelter Information“[149] aufgefasst werden.

> [Es] ist immer eine zusammengesetzte Tätigkeit, die durch individuell ausgeprägte Teilfertigkeiten, z. B. Performanz- und Kompetenzaspekte der Sprachfertigkeit, Denkfähigkeit, Wahrnehmungsgeschwindigkeit, Kapazität und Flexibilität des Arbeitsgedächtnisses, determiniert wird. Zuhören ist also eine kognitive Leistung, die auf einem ganzen Konglomerat von Einzeltätigkeiten aufbaut.[150]

146 Vgl. Pabst-Weinschenk, M. (2011), S. 59
147 Vgl. Maas, U./Wunderlich, D. (1972), S. 81
148 Imhof, M. (2004), S. 6, f.
149 Imhof, M. (2004), S. 45
150 Imhof, M: (2004), S. 7

Zuhören gelingt entsprechend nur, wenn der Sprechende seine Informationen strukturiert und adressatengerecht formuliert.[151] Für die Kompetenzanforderung an einen Bankberater sowohl in der Sprecher- als auch Zuhörerrolle hat das eine wichtige Bedeutung: In der Sprecherfunktion muss er sowohl in der Lage sein, sich auf die unter anderem zuvor genannten prädisponierten Aspekte des Kunden einzustellen, als auch sich in der Zuhörerfunktion durch „richtiges", der Situation und dem Kunden angemessenes Verhalten zu präsentieren, indem er sich auf den Kunden und dessen kommunizierte Inhalte einlässt.[152]

Richtiges Zuhören setzt voraus, dass sich der Verkäufer vollkommen und ausschließlich auf den Kunden und das von ihm Gesagte sowie die das Sprechen begleitenden nonverbalen Äußerungen konzentriert. Der Kundenberater verarbeitet und interpretiert die Informationen u. a. auf Basis seines Fachwissens und seiner eigenen Erfahrungswelt, der Beziehung zum Sprecher, dem Situationskontext, seiner intendierten Zielsetzung etc. Durch sein Verhalten beeinflusst der Berater wiederum den Kunden; regt ihn durch sein Verhalten zum Weiterreden an oder initiiert zum Beispiel durch Unterbrechung einen Sprecherwechsel oder Ähnliches. Das u. a. in den Kapiteln 3.1, 3.3.2.2 und 3.5.1 beschriebene Verhalten fördert den Prozess.[153]

Wie richtiges oder gutes Zuhören gelingt bzw. welche Anforderungen daran gestellt sind, ist abhängig von dem Kontext der Situation und der hierarchischen Position der beteiligten Gesprächsteilnehmer zueinander. Im übereinstimmenden Kern wird der gute Zuhörer anhand grundsätzlicher Offenheit dem Gesprächspartner gegenüber und sozialer Signale wie etwa Blickkontakt und nonverbalem Feedback bewertet; im Gegensatz dazu wird übereinstimmend fehlendes Bemühen um Verständnis als schlechtes Zuhören charakterisiert.[154] Gerade im beruflichen Kontext sind ergänzend hierzu Aufmerksamkeitssignale, das Fragestellen sowie das Bemühen um Verständnis von besonderer Bedeutung.[155] Zur Vertiefung des aktiven Zuhörens wird auf die Literatur zum Beispiel von Kraft „Rhetorik und Gesprächsführung" verwiesen.[156]

H6d: Der Aspekt *Zuhören* hat einen positiven Einfluss auf das *Gesprächsverhalten* zur Förderung einer kundenzentrierten Kommunikation.

151 Vgl. Spiegel, C. (2006), S. 161
152 Vgl. Kraft, H. (2016), 150 ff
153 Vgl. Kraft, H. (2016), 150 ff
154 Vgl. Imhof, M. (2004), S. 153
155 Vgl. Imhof, M. (2004), S. 67
156 Kraft, H. (2016), S. 150 - 156

Inwieweit der Hörer in der Lage ist, eine gewisse „Menge“ an Informationen aufzunehmen und zu verarbeiten, hängt von zwei Aspekten ab: Dem Raumkanal und dem Zeitkanal. Raumkanäle transportieren etwas durch einen Gegenstand (Wasser durch Wasserleitungen, Strom durch Stromkanäle) und Zeitkanäle über die Zeit (Datenspeicherung auf Schallplatten, Kassetten, Speichersticks etc.).[157] Übertragen auf Verkaufsgespräche können Raumkanäle als die aufnehmbare Menge an Informationen und Zeitkanäle die innerhalb einer bestimmten Zeiteinheit verarbeitbaren Informationen verstanden werden. Mit Blick auf die kundenzentrierte Kommunikation ist insbesondere der Zeitkanal von Bedeutung. Dabei stellt sich die Frage, wie viele Nachrichten oder Informationen kann der Kunde innerhalb einer gewissen Zeit aufnehmen, bewusst oder unbewusst verarbeiten und speichern.[158]

Der in Riedels Psychostrukturmodell beschriebene Akkomodator umfasst die Zuflusskapazitäten, also die Aufnahmefähigkeit von Informationen innerhalb einer bestimmten Zeit.[159] Für das Beratungsgespräch kann sich daraus die Implikation ergeben, dass ein Kunde, der grundsätzlich in der Terminologie des Bankwesens zu Hause ist, nicht unbedingt in der Lage sein muss, alles, was der Berater ihm innerhalb des Beratungsgesprächs fachterminologisch sagt, auch in der Zeit des Gesagten bzw. des Gehörten verarbeiten kann. Angenommen, dass der Kunde die Frage des Beraters, ob er sich im Thema auskenne und Erfahrungen mit dem Produkt oder Sachverhalt habe, auch wahrheitsgemäß, und nicht aus Schüchternheit oder falscher Scham, sich als inkompetent darzustellen, bejaht, setzt dies nicht zwangsläufig voraus, dass sich beide Gesprächspartner auf Augen- bzw. Ohrenhöhe bewegen. Dies hätte unbedingt Folgen für die Anforderungen an das Sprachverhalten des Beraters, der Wiederholungen als „Sicher heitsschleifen“ einbauen sollte, damit der Kunde die Gelegenheit hat, das Gehörte zu verarbeiten. Für eine Vertiefung des Kurzspeichers und des vorbewussten Gedächtnisses als weitere Elemente des Psychostrukturmodells wird aus Gründen des Umfangs auf die angegebene Literatur verwiesen.[160]

Ältere Untersuchungen haben gezeigt, dass die Akkomodationsgeschwindigkeit zudem altersbedingt variiert. Sie nimmt zunächst mit dem Heranwachsen stetig zu und ist im Alter von 20 bis 50 Jahren am höchsten, wobei der Höhepunkt bei etwa Anfang dreißig Jahren liegt.[161] Diesen Erkenntnissen folgend, sollten sich Kundenberater auf das jeweilige Alter der Kunden einstellen und ihre Sprech-

157 Vgl. Riedel, H. (1969), S. 83/84
158 Vgl. Riedel, H. (1969), S. 85
159 Vgl. Riedel, H. (1969), S. 87
160 Vgl. Riedel, H. (1969), S. 87,
161 Vgl. Riedel, H. (1969), S. 88, Abbildung 5

geschwindigkeit altersgerecht modifizieren. Auf eine weitere Vertiefung des Sachverhalts wird an dieser Stelle verzichtet und auf die Literatur verwiesen.[162]

Zusammenfassend ergibt sich folglich ein Zusammenhang zwischen Motivation, Texttemperatur, Sprachfluss, Satzlänge, Bestimmung von „Darbietungszeiten", Informationsmengen in der Kommunikation (Rhetorik) und dem Alter des Kunden, was in Gänze neben anderen Dingen von dem Bankberater zu berücksichtigen ist.[163]

H6c: Aspekte zur Steigerung des *Hörverstehens* haben einen positiven Einfluss auf das *Gesprächsverhalten* zur Förderung einer kundenzentrierten Kommunikation.

Abschließend zu diesem Kapitel lässt sich nachstehende Hypothese formulieren:

H3: Kundenzentriertes *Gesprächsverhalten* hat einen positiven Einfluss auf die *Zielerreichung* eines Kundenberaters.

3.6 Gesprächstechniken

3.6.1 *Überblick*

Zu den Gesprächstechniken zählen unter anderem die Visualisierung, Argumentation, Suggestion sowie Topos und Wahrnehmungssteuerung. Ihnen kann gemeinsam zugeschrieben werden, dass sie mit einer kundenzentrierten Ausrichtung des Beratungsgesprächs vor allem auf die in der Analysephase gewonnenen Informationen inhaltlich aufbauen, damit eine für den Kunden erkennbare Mehrwertdarstellung erfolgen kann. Da das Hauptinteresse dieser Arbeit vor allem auf die Analysephase des Verkaufsgesprächs gelegt wird und die übrigen Phasen lediglich ansatzweise berührt werden, wird zum weitergehenden Studium zum Thema Visualisierung von Gesprächsinhalten unter anderem auf Bänsch (2009), Bartsch (2009), Bartsch/Marquardt (1999), Grießbach/Lepschy (2015), Hörmann (1976) oder Pawlowski (1990) verwiesen. Während insbesondere Kienpointer (1983) einen umfassenden Überblick über die Argumentation bietet, gehen Grießbach/Lepschy (2015) unter anderem auf Aspekte der Hörerperspektive ein. Herrmann et al. (2011) vermitteln neben einem Überblick über das Thema auch praktische Anwendungshinweise. Bänsch (2013) und Reisenbichler

162 Vgl. Riedel, H. (1969)
163 Vgl. Riedel, H. (1969), S. 96

(1986) befassen sich im Besonderen mit der Argumentation in Verkaufsgesprächen. Zur Vertiefung des Themenbereiches Suggestion empfehlen wir unter anderem Gheorghiu (1969) oder Schneider/Rechtien (1991) bzw. zu Topos/ Wahrnehmungssteuerung Bornscheuer (1977), Ottmers (2007) und Pawlowski (2005).

Im Folgenden betrachten wir die Gesprächstechniken Frage und Paraphrase intensiver, da uns beide in der Analysephase besonders geeignet erscheinen, den Kunden zu aktivieren und ein gemeinsames Verständnis der Kundenperspektive und des Kundenwunsches zu erzeugen.

3.6.2 Fragen

In Kapitel 3.2.3.1 haben wir unter anderem verdeutlicht, dass die erfolgreiche Gestaltung der Kunden-Berater-Kommunikation in der Fähigkeit des Kundenberaters liegt, sich in die Situation, Wünsche, Ziele und Bedürfnisse des Kunden hineinzuversetzen und die Kommunikation adressatengerecht zu gestalten. Die zielgerichtete Verwendung von Fragen stützt dieses Anliegen, gleichwohl mitunter in der Praxis zu beobachten ist, dass häufig zu wenig oder eben nicht zielführende Fragen gestellt werden.[164]

„Echte" Fragen dienen dabei dem Ausgleich eines tatsächlichen Informationsdefizits, das der Fragende, in unserem Fall der Kundenberater hat, und sind eine wichtige Voraussetzung der in Kapitel 3.2.2 dargelegten kooperativen Gesprächshaltung. Ein unmittelbares Informationsdefizit kann sich auf Fakten zur Person oder auf Sachverhalte, Einschätzungen und Meinungen, Begründungen oder zur Klärung bzw. Präzisierung beziehen. Dieses unmittelbare Informationsdefizit kann auf Beratungssituationen zur Klärung des Kundenbedarfes und der Kundenwünsche übertragen werden.[165] Eine Fragesequenz ist erst dann beendet, wenn sich das Informationsdefizit ausgeglichen hat und ein gemeinsames Verständnis über den in Frage stehenden Aspekt erzielt worden ist.[166]

Fragen können in die zwei grundsätzlichen Stoßrichtungen der Sach- oder Personenorientierung als zentrale Funktionen unterschieden werden. Während sich die erste mit Informationen, deren Strukturierung und schließlich der Entscheidung befasst und die Vorgehensweise zum Generieren von Informationen von

164 Vgl. Schumacher, O. (2013), S. 76

165 Vgl. Pawlowski, K. (2005), S. 81; Ein mittelbares Informationsdefizit ergibt sich in Prüfungssituationen und ist in Kundengesprächen zu vermeiden. Solche Fragen können als pervertierte Handlungen betrachtet werden. Vgl. Maas, U./Wunderlich, D. (1972), S. 214

166 Vgl. Maas, U./Wunderlich, D. (1972), S. 213

eher drängenden Fragen charakterisiert ist, beabsichtigt die zweite Funktion mittels Reflektion, Kontakt und Beziehung den Anstoß einer Entwicklung im Befragten und ist von zurückhaltenden Fragen determiniert.[167]

In Beratungsgesprächen ist bei der Anwendung von Fragen gleichermaßen darauf zu achten, dass der Kunde nicht das Gefühl bekommt, ausgefragt, belehrt, therapiert, angegriffen, abgewertet oder dominiert zu werden oder sich der Fragende anbiedert bzw. aufdrängt.[168]

Als entscheidbar gelten Fragen dann, wenn die Gesprächsteilnehmer eine Übereinstimmung erzielen. Hingegen betrachtet man solche als unentscheidbar, die mehrere Antworten möglich erscheinen lassen und die Korrektheit jeder einzelnen fraglich sein kann.[169]

Den Fragenden begleiten stets Hypothesen über den zu beantwortenden Aspekt, die andere Person und den Fragenden selbst.[170] Diese Annahmen

> wirken wie Wahrnehmungsfilter, sie richten unsere Aufmerksamkeit auf ganz bestimmte Themen, während sie andere außer Acht lassen. Erfahrene Fragensteller reflektieren deshalb immer die eigenen Hypothesen, und sind stets bereit, diese zugunsten anderer – im Moment tragfähigerer – fallen zu lassen.[171]

Die Verwendung der jeweiligen Fragetechnik hängt von der entsprechenden Situation und Zielsetzung des Fragenden ab. Es wird allgemein zwischen geschlossenen und offenen Fragen unterschieden. Zudem kann eine differenziertere Betrachtung in ganz schließende, relativ schließende, ganz öffnende und relativ öffnende Fragen vorgenommen werden.[172]

Offene Fragen, die sogenannten „W-Fragen"[173], geben dem Antwortenden einen selbst gewählten Spielraum zu entscheiden, wie lange und was genau er sagen möchte. Sie haben zum einen den Zweck, dem Kunden Orientierung zu geben, Informationen zu erhalten und den Kontakt zum Kunden herzustellen. Sie bilden ebenso die Basis für das partnerschaftliche Gespräch und schaffen Vertrauen. Sie versetzen den Kundenberater des Weiteren in die Lage, Neues zu erfahren, und sorgen zudem für ein ausgewogeneres Gespräch, indem der Kunde aktiv in das Gespräch einbezogen wird, und können folglich ein einseitiges Gespräch, einen

167 Vgl. Patrzek, A. (2015), S. 67 ff.
168 Vgl. Patrzek, A. (2015), S. 73
169 Vgl. Patrzek, A. (2015), S. 83 f
170 Vgl. Schumacher, O. (2013), S. 77
171 Patrzek, A. (2015), S. 89
172 Vgl. Patrzek, A. (2015), S. 101
173 W-Fragen = Wie, Was, Warum, etc.

Monolog des Kundenberaters vermeiden helfen. Der höhere Gesprächsanteil liegt tendenziell bei dem Kunden. Die offenen Fragen scheinen daher in der Begrüßungs- und Analysephase besonders geeignet zu sein, die kundenzentrierte Kommunikation zu unterstützen, da der Gesprächsschwerpunkt auf die Kundenperspektive gelenkt wird.[174] Vor allem offene Fragen, die ein Interesse an der Motivlage und den Beweggründen für eine bestimmte Haltung oder Handlung des Kunden beinhalten, sind geeignet, Informationen hierüber zu generieren.[175]

In Abgrenzung zur offenen Fragetechnik geben die geschlossenen Fragen, zu denen auch die mit „Ja/Nein" zu beantwortenden Fragen zählen, eine feste, häufig kurze und knappe Antwort vor und können als Alternativ-, Bestätigungs-, Kontroll- oder Suggestivfrage formuliert sein.[176] Die Auswahl und Art der auch als Führungsfragen bezeichneten geschlossenen Fragen stellt eine steuernde Selektion der Aspekte dar, die der Berater für wichtig erachtet. Die Verwendung in der Analysephase kann dazu dienen, aus einer Vielzahl von Informationen eine Priorisierung vorzunehmen bzw. zur gemeinsamen Verständniskonstitution beizutragen. Ansonsten sind geschlossene Fragen insbesondere für die Phasen des Angebots und Abschlusses geeignet, da sie mitunter dazu führen, dass der Fragensteller einen höheren Gesprächsanteil hat.[177]

Wie zuvor herausgearbeitet, ist die Verwendung der Fragetechnik kontext- und phasengebunden. Der sogenannte Frage-Trichter[178] kann in der Kundenberatung eine hilfreiche Orientierung bieten: Zu Beginn des Gesprächs bzw. insbesondere zu Beginn der Analysephase geben offene und öffnende Fragen dem Kunden die Gelegenheit, umfangreich zu antworten und seine Vorstellungen und Ziele zu formulieren. Der Kundenberater erhält in dieser Screening-Phase ein umfassendes Bild, dass im weiteren Verlauf in der Focusing-Phase durch schließende oder geschlossene Fragen konkretisiert und auf den Punkt gebracht werden kann. Die vom Kunden erhaltenen Informationen werden dabei gesichtet, sortiert und eventuell Schwerpunkte definiert, sofern es sich um zu viele Informationen han-

174 Eine Ausnahme stellt in diesem Kontext die „Warum"-Frage dar. Sie kann dazu führen, dass der Antwortende sich Druck und einem Verhör ausgesetzt sieht und das Gefühl hat, sich rechtfertigen zu müssen. Vgl. Thomann, C./Schulz von Thun, F. (1988) Dieses Dilemma kann ersatzweise durch „Wie"- oder „Weshalb"-Fragen vermieden werden. Vgl. Reisenbichler, I. (1986); ebenso Patrzek, A. (2015)

175 Vgl. Schumacher, O. (2013), S. 78

176 Die hier aufgeführte Bestätigungsfrage wird auch als Suggestivfrage bezeichnet. Vgl. Reisenbichler, I. (1986), S. 79 – 80

177 Vgl. Patrzek, A. (2015), S. 91 ff.

178 Der Fragetrichter wird auch als Verkaufstrichter bezeichnet. Vgl. Schumacher, O. (2013), S. 97 ff.

delt.[179] Diese Technik ermöglicht dem Kundenberater eine strukturierte Vorgehensweise, die ein klares Ergebnis erzielen soll.[180]

Als Fragetypen kommen unter anderem hypothetische, zirkuläre, skalierende oder Alternativfragen in Betracht, deren Spezifika hier nicht weiter vertieft werden können, so dass auf die weiterführende Literatur verwiesen werden muss.[181]

Mit Blick auf die Ausführungen zur Kooperation in Kapitel 3.2.2 bzw. zur Gestaltung der Kommunikationsbeziehung in Kapitel 3.2.3.3 spiegelt der symmetrische Frageansatz einen wertschätzenden, partnerorientierten bzw. kooperativen Gesprächs- bzw. Beratungsansatz wider. Demgegenüber drückt der komplementäre Frageansatz ein Hierarchiegefälle aus, das den Fragenden über den Befragten stellt.[182]

Bezüglich potenzieller Fehler im Umgang mit dem zielorientierten und sachgerechten Einsatz von Fragen sowie zur Systematik des Fragekompass und des FRAGE-Akronyms wird auf die Literatur unter anderem von Andreas Patrzek (2015) bzw. Oliver Schumacher (2013) verwiesen.[183]

Insgesamt lässt sich für Fragesituationen zusammenfassen, dass Fragen insbesondere kurz, prägnant, klar und eindeutig sowie authentisch und offen gestellt werden sollten, da überwiegend geschlossene Fragen, die zuweilen suggestiv sind, bzw. „Warum“-Fragen ein Hierarchiegefälle zwischen den Gesprächspartnern herstellen, die die Position des Befragten herabsetzen und einem partnerschaftlichen Dialog entgegenstehen.[184]

Die in diesem Kapitel differenziert dargestellte Betrachtung der Fragetechniken und deren gezielter Einsatz ist von herauszustellender Bedeutung zur positiven Förderung des partnerschaftlichen und kundenzentrierten Dialogs. Damit eine Einigkeit über den Kommunikationsinhalt hergestellt werden kann, bedarf es darüber hinaus einer permanenten Überprüfung des gemeinsamen Verständnisses durch den Kundenberater. In dem nächsten Kapitel befassen wir uns mit der Gesprächstechnik der Paraphrase, die diesen Rückkopplungsprozess fördern kann. Zusammenfassend formulieren wir nachstehende Hypothese:

179 Vgl. Patrzek, A. (2015), S. 104 ff.
180 Vgl. Schumacher, O. (2013), S. 97
181 Vgl. Patrzek, A. (2015), S. 107 – 115; ebenso Schumacher, O. (2013), S. 75 -112
182 Vgl. Patrzek, A. (2015), S. 125
183 Vgl. Patrzek, A. (2015), S. 209; ebenso Schumacher; O. (2013), S. 75 -112
184 Vgl. Patrzek, A. (2015), S. 214

H5b: Die gezielte Anwendung der *Fragetechnik* hat einen positiven Einfluss auf die *Gesprächstechnik* zur Förderung einer kundenzentrierten Kommunikation.

3.6.3 *Paraphrase - Verbalisieren*

Wie bereits herausgestellt wurde, findet in der Kommunikation zwischen einem Sprecher und einem Hörer der Austausch von Informationen statt, deren übereinstimmende Bedeutung und Interpretation in dem Gespräch durch die Beteiligten zu klären ist. Kapitel 3.2.3.3 macht deutlich, dass sich der Sprecher durch seine Sprechhandlung ausdrückt, indem er etwas meint und der Hörer auf Basis seiner Wahrnehmung das Gehörte interpretiert, was nicht zwangsläufig dem Kern des vom Sprechenden Intendierten entsprechen muss.[185] Im Sinne einer Steuerungs- und Kontrollfunktion zwischen Meinen und Verstehen ist der Austausch und Abgleich der gegebenen und erhaltenen bzw. interpretierten Informationen mittels der Paraphrase hilfreich, zu deren Wesen James Deese ausführt:

> The basic fact of a paraphrase is that one individuell can take a segment of language uttered by another individual and restate it in such a way that the hearer is pleased to accept the restatement as equivalent to the original.[186]

Interpretation und Einkleiden in ähnliche Worte gleichen Inhalts setzt somit Verstehen des vom Sprecher Intendierten durch den Hörer voraus. Demnach ist Verstehen,

> eine Mitteilung dadurch erfolgreich verarbeiten zu können, dass man die in ihr enthaltene Information in einer Weise auf einen Horizont des Allgemein-Sinnvollen bezieht, die dem Meinen des Sprechers entspricht.[187]

Wann etwas erfolgreich verstanden wurde, kann nur durch den Sprecher bescheinigt werden. Jedoch setzt dieses Verstehen wiederum beim Hörer voraus, dass

> er es in den Zusammenhang dessen stellen [kann], was der Sprecher gemeint hat. Und dieses [kann] er tun, wenn und weil [er] in [sich] ein System von Ansichten über die Ereignisse der Welt [hat], das dem System im Sprecher des Satzes prinzipiell ähnlich ist.[188]

---

185 Vgl. Hörmann, H. (1976), S. 198
186 Deese, J. (1969), S. 515
187 Hörmann, H. (1976), S. 206
188 Hörmann, H. (1976), S. 207

Mucchielli verwendet den Begriff des verstehenden Zuhörens, mit dem er die Fähigkeit beschreibt, die Aussage eines Partners vollständig zu erfassen und zu dessen Zufriedenheit wiederzugeben. Er knüpft dabei an Ausführungen von Carl R. Rogers an.[189] Das Wesen der auch als Verbalisierung beschriebenen Technik lässt sich wie folgt formulieren:

> Unter Verbalisierung versteht man eine Äußerung des Interviewers, die mit anderen Worten und in bündiger und expliziter Form die Aussage des Klienten wiedergibt, worauf man dessen Zustimmung dazu erhält.[190]

Übertragen auf die Bankberatung werden ebenfalls drei Ergebnisse unter Verwendung der Paraphrase erzielt. Zunächst wird das von dem Kunden Gemeinte sichergestellt und nicht nur durch den Kundenberater interpretiert. In dem Fall einer fehlerhaften bzw. unvollständig interpretierten Wiedergabe hat der Kunde die Möglichkeit, dieses zu korrigieren. Weiterhin drückt der Bankmitarbeiter aus, dass er zugehört und verstanden hat, was der Kunde meint.[191] Letztendlich erkennt der Kunde den Weg der Darlegung und kann dem Gespräch inhaltlich folgen, sich aktiv beteiligen bzw. wird aktiv beteiligt, da unmittelbar auf ihn Bezug genommen und zum Ausdruck gebracht wird, dass er im Zentrum des Gesprächs steht.

Die Paraphrase betont den partnerschaftlichen, auf Augenhöhe befindlichen und wertschätzenden Aspekt der Gesprächsführung und Haltung des Kundenberaters gegenüber dem Kunden und ist für die kundenzentrierte Gesprächsführung von wesentlicher Bedeutung, da dem Kunden die eigenverantwortliche Entscheidung überlassen wird. Mittels dieser Gesprächstechnik wird die vollkommene Konzentration auf die Probleme, Wünsche und Belange des Kunden ermöglicht, die ihn dazu führt, einiges von sich preiszugeben. Die Rahmenbedingungen für eine solche Gesprächsatmosphäre werden insbesondere durch die Haltung des Verkäufers geprägt und bestimmt. Damit nimmt die Paraphrase neben den Fragetechniken eine zentrale Funktion in der kundenzentrierten Kommunikation ein.

Das Prinzip des Verbalisierens beruht auf der unvoreingenommenen Akzeptanz des Kunden durch den Bankmitarbeiter, um das für den Kunden optimale Bankprodukt empfehlen zu können.[192] Das Verbalisieren kann in drei Stufen mit stei-

---

189 Vgl. Mucchielli, R. (1972), S. 38, 39

190 Mucchielli, R. (1972), S. 41

191 Mucchielli spricht im Zusammenhang der non-direktiven Beratung von Klient, was hier durch Kunde ersetzt wird; der Begriff Interviewer durch Verkäufer, Berater oder Kundenberater. Vgl. Mucchielli, R. (1972)

192 Vgl. Mucchielli, R. (1972), S. 41 – 42

gender Wirksamkeit erfolgen.[193] Zunächst findet sich die reine Wiedergabe der Worte des Kunden, die sogenannte Echo-Antwort, die mit einleitenden Formulierungen wie „Sie finden, dass ...“, „Mit anderen Worten, ...“, „Sie empfinden ...“ etc. erfolgt.

Komplexer ist die zusammenfassende Verbalisierung, die auf den Kern des vom Kunden Ausgeführten abzielt. Durch Verbalisierung kann der Kundenberater einen Aspekt ans Tageslicht fördern, der für ihn oder außenstehende Dritte erkennbar ist, aber möglicherweise von dem Kunden noch nicht erkannt wurde. Jedoch besteht die Gefahr des Interpretierens darin, dass der Verkäufer von dem vorliegenden, vom Kunden ausgeführten Sachverhalt abweicht und seine eigene Meinung und Einschätzung einbringt. Allerdings geht es bei dieser Form der Paraphrase darum, einen vorliegenden Punkt genauer auszuleuchten und möglicherweise durch das Verbalisieren anders zu akzentuieren.

Die klärende Verbalisierung im eigentlichen Sinne als dritte Stufe geht zunächst vom Wesentlichen des Kunden aus, um schließlich den Sinn zu erhellen, indem das wahrscheinlich hinter der Aussage liegende Motiv in Gestalt von Haltung, Gefühlen und Einstellungen, auf die wir insbesondere in Kapitel 2.4 eingegangen sind, herausgearbeitet wird. Gerade bei dieser Form ist die Gefahr der Interpretation besonders groß. Den Kundenberater sollte das Wesentliche in der Aussage des Kunden leiten.

Die drei Stufen, insbesondere die der Klärung, stellen steigende Kompetenzanforderungen an Kundenberater dar: Je mehr die Klärung im Vordergrund steht, bedarf er der Fähigkeit zur verstehenden Zusammenfassung, die über eine reine Wiederholung hinausgeht.

Darüber hinaus kann die Zusammenfassung neben der beschriebenen inhaltlichen Klärung des gegenseitigen Verständnisses auch als Ordnen und möglicherweise Priorisieren von Aussagen des Gesprächspartners hilfreich sein, um gemeinsam Schwerpunkte festzulegen und die weitere Vorgehensweise zu definieren.[194]

Zusammenfassend kann gesagt werden, dass die Paraphrase eine wichtige Technik zur Kundenzentrierung ist, die dazu beitragen kann, Störungen in der Kommunikation in Folge fehlerhafter Enkodierung oder uneindeutige bzw. wider-

193 Vgl. Rogers, C. (2007)
194 Vgl. Thomann, C./Schulz von Thun, F. (1988), S. 79 f

sprüchliche Botschaften oder Ähnliches zu erörtern, um ein gemeinsames Verständnis über den betreffenden Kommunikationsinhalt zu erzielen.[195]

> H5a: Die *Paraphrase* hat einen positiven Einfluss auf die *Gesprächstechnik* zur Förderung einer Kundenzentrierten Kommunikation.

Zudem wird nachstehende Hypothese formuliert:

> H4: Die Anwendung einer kundenzentrierten *Gesprächstechnik* hat einen positiven Einfluss auf die *Zielerreichung* eines Kundenberaters.

In den vorigen Kapiteln haben wir uns mit den theoretischen Grundlagen befasst, welche *Grundhaltung* ein Kundenberater für eine kundenzentrierte Kommunikation mitbringen sollte und wie er durch sein *Gesprächsverhalten* und geeignete *Gesprächstechniken* Kundenzentrierung fördern kann. Die einzelnen Hypothesen, die vornehmlich in den Kapiteln 3.5 und 3.6 formuliert wurden, werden ergänzend um Fragen zur *Rollenanforderung* in der nachfolgenden empirischen Untersuchung überprüft.

195 Vgl. Schneider, D./Rechtien, W. (1991), S. 152 f

4 Konzeption der empirischen Analyse

4.1 Einführung Empirie

Mittels der empirischen Analyse soll herausgearbeitet werden, ob ein Bedingungszusammenhang zwischen der Grundhaltung von Kundenberatern im Filialvertrieb, ihrem Gesprächsverhalten bzw. ihren Gesprächstechniken und ihrem persönlichen Vertriebserfolg im Sinne der Erklärung erster Ordnung, Wenn-Dann-Bedingungszusammenhang, besteht.[196] Die zu untersuchende Frage sollte die folgenden drei Kriterien erfüllen: Erstens sollte die Fragestellung über den Einzelfall hinausgehen, zweitens eine „wenn-dann"- bzw. „je-desto"-Aussage als Konditionalsatz enthalten und drittens müssen Ereignisse vorstellbar sein, die diesen Konditionalsatz widerlegen können.[197] Der Fokus dieser Arbeit liegt auf der Bedeutung von Kundenberatern im Filialvertrieb von Sparkassen. Da die empirische Analyse fünf Sparkassen mit insgesamt 131 Teilnehmern umfasst, kann eine verallgemeinernde Aussage angenommen werden. Durch den eingangs formulierten Wirkungszusammenhang in der Fragestellung wird zudem das oben genannte zweite Kriterium erfüllt. Zudem sind Sachverhalte und Fälle denkbar und in der empirischen Analyse belegt, bei denen kein Wirkungszusammenhang zwischen kundenzentrierter Kommunikation und dem Vertriebserfolg hergestellt werden konnte. Die geforderten Kriterien sind somit erfüllt.

Grundsätzlich können empirische Studien als quantitative oder qualitative Untersuchungen durchgeführt werden. Während sich die erste Methode einer deduktionslogischen Vorgehensweise bedient, die durch allgemeine Theorien Vorhersagen für bestimmte Situationen formuliert und diese anschließend durch Datenerhebung und deren Auswertung überprüft, handelt es sich bei dem zweiten Verfahren um eine induktionslogische Vorgehensweise, die ausgehend von den Phänomenen Theorien entwickelt.[198] Die Grounded Theory ist eine derartige Methode, die beispielsweise mittels narrativer Interviews mit verschiedenen Gesprächspartnern Gemeinsamkeiten in den Aussagen herzustellen sucht, um hieraus im Ergebnis Hypothesen zu entwickeln.[199]

---

196 Vgl. Aeppli, J. et al. (2016), S. 42

197 Vgl. Aeppli, J. et al. (2016), S. 43

198 Vgl. Aeppli, J. et al. (2016), S. 112 ff

199 Vgl. Mey, G./Mruck, K. (2011), S. 11 – 52; ebenso Kaiser-Belz, M./Truschat, I./ Volkmann, V. (2011), S. 353 - 379

H.-J. Reichmann, *Vertriebserfolg durch kundenzentrierte Kommunikation*, BestMasters, https://doi.org/10.1007/978-3-658-25742-2_4

Die qualitative Forschung ist „stärker auf ‚ganzheitliche' Wahrnehmung, verdichtete Beschreibung und Interpretationen ausgerichtet".[200] Einen vertiefenden Überblick über die verschiedenen qualitativen Verfahren geben beispielsweise Aeppli et al. in „Empirisches wissenschaftliches Arbeiten".[201] Auf eine vertiefende Darstellung wird an dieser Stelle verzichtet, da die Fragestellung dieser Arbeit eine implizit formulierte Hypothese enthält, zu deren Überprüfung das Untersuchungsdesign der quantitativen Methodik gewählt wird.[202] Als vertiefende Literatur zu diesem Themenkomplex wird u. a. auf „Erstellung von Fragebögen" von Kallus verwiesen.[203]

4.2 Zielsetzung und Konzeption der Untersuchung

Die empirische Untersuchung geht der Frage nach, ob ein Zusammenhang zwischen der kundenzentrierten Kommunikation von Kundenberatern im Filialvertrieb von Sparkassen und ihrem Vertriebserfolg besteht. Hierzu wurden die eine kundenzentrierte Kommunikation fördernden Hypothesen zu den *Rollenanforderungen* an Kundenberater und deren *Grundhaltung* sowie zu ihrem *Gesprächsverhalten* (Kapitel 3.5) bzw. ihren *Gesprächstechniken* (Kapitel 3.6) formuliert und für die empirische Studie mit Hilfe von Item-Batterien (Fragestellungen) operationalisiert. Es wurde das Instrument der Onlinebefragung gewählt, da die Studie mit rund 300 angeschriebenen Probanden eine große Anzahl an potenziellen Teilnehmern umfasste, denen ein innerhalb des definierten Befragungszeitraums sowohl zeitlich als auch räumlich ungebundener Zugang zur Verfügung gestellt werden sollte. Zudem ist die Angabe des persönlichen *Zielerreichungsgrads* als Indikator der eigenen Vertriebsleistung ein sensibles Thema, dem durch die Anonymität eines Onlinefragebogens hinreichend begegnet werden sollte. Allerdings bleibt bei der Wahl des Instruments die Unsicherheit darüber bestehen, ob die Probanden die Fragestellungen im Sinne der Konzeptualisierung verstanden haben.[204] Dem wurde durch die Möglichkeit Rechnung getragen, anonym auf die Personalratsvorsitzenden der einzelnen Sparkassen als Vertrauenspersonen zuzugehen.

200 Vgl. Aeppli, J. et al. (2016), S. 114
201 Vgl. Aeppli, J. et al. (2016), S. 233 ff
202 Vgl. Aeppli, J. et al. (2016), S. 115
203 Vgl. Kallus (2016)
204 Vgl. Aeppli, J. et al. (2016), S. 165

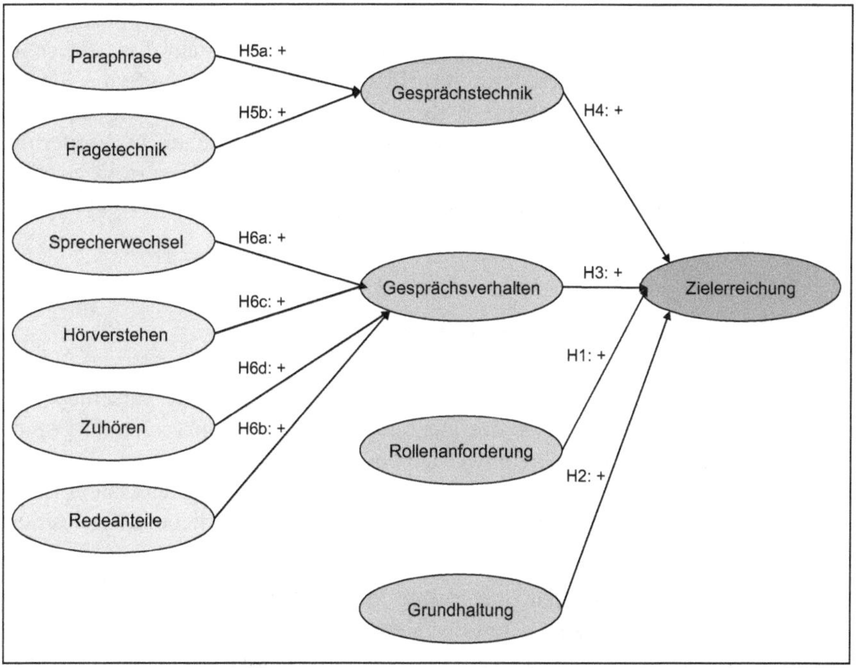

Abbildung 3: Pfaddiagramm und Hypothesen

Unter Mitwirkung des geschäftsführenden Gesellschafters der „statistik.schule", Dr. Christian Soost, der zugleich wissenschaftlicher Mitarbeiter am Lehrstuhl für Statistik und Ökonometrie der Universität Siegen ist, wurde das nachstehende Wirkungsmodell erstellt. Wir danken Dr. Soost an dieser Stelle ausdrücklich für seine Unterstützung bei der Erarbeitung des Modells, der Durchführung der Analyse sowie die Aufbereitung und Bereitstellung der Daten.

Die in den genannten Kapiteln entwickelten Hypothesen wurden in das in Abbildung 3 dargestellte Modell als Pfaddiagramm zusammengefügt. Die Vorzeichen geben den laut Literatur zu erwartenden Einfluss wieder.[205] Alle Hypothesen wurden durch Items beschrieben und deren Einfluss auf den Vertriebserfolg von Kundenberatern analysiert. Die Items zur kundenzentrierten Kommunikation wurden in einem Onlinefragebogen zusammengeführt, der den teilnehmenden Sparkassen zur Verfügung gestellt wurde. Der vollständige Fragebogen ist im Anhang F aufgeführt.

205 Positiver Einfluss mit „+" bzw. negativer Einfluss mit „–"

Sofern ein Zusammenhang zwischen einzelnen Merkmalen und dem Vertriebserfolg in Folge der Untersuchung hergestellt werden kann, können diese Erkenntnisse beispielsweise das Anforderungsprofil von Vertriebsmitarbeitern schärfen lassen. Zudem könnten bei positiver Korrelation von *Vertriebserfolg* und *Gesprächsverhalten* bzw. der *Gesprächstechniken* diese gezielter in Weiterbildungsmaßnahmen geschult werden, um einerseits den Abschlusserfolg zu steigern und andererseits die Qualität der Kundenberatung sowie resultierend die Kundenloyalität zu steigern (vgl. Kapitel 3.2.3).

4.3 Gestaltung des Untersuchungsdesigns

Teilnehmer der Untersuchung waren Kundenberater von fünf verschiedenen Sparkassen, die im Filialvertrieb der Institute im Privatkundenbereich tätig sind. Sie beraten Kunden der Betreuungssegmente Privat- bzw. Individualkunden, deren grundsätzliche Abgrenzung im Anhang A bzw. Anhang B dargestellt ist.[206] Die Verkaufsgespräche werden gemäß der in Kapitel 3.3 angegebenen Definition durchgeführt.

Die teilnehmenden Sparkassen steuern ihre Mitarbeiter über ein Zielsystem, mit dem die vertriebliche Leistung und der Vertriebserfolg an Hand eines Gesamtzielerreichungsgrads (GZE) identifiziert werden können. Eine schematische Darstellung ist im Anhang G aufgeführt. Dabei können sowohl die Zielfelder als auch die Zielhöhen des Zielsystems innerhalb der Sparkassen in den einzelnen Segmenten divergieren und von Sparkasse zu Sparkasse unterschiedlich sein. Eine abschließende, eindeutige Vergleichbarkeit der Zielsysteme, Gesamtzielerreichungsgrade und damit der Vertriebserfolge der Kundenberater ist nicht gegeben, da die einzelnen Institute unterschiedliche geschäftspolitische Schwerpunkte setzen, verschiedene spezifische Ausgangssituationen und Rahmenbedingungen haben und eine abweichende Ausgestaltung der Zielsysteme vornehmen. Die aufgeführten Gesamtzielerreichungsgrade und folglich die Identifikation der Vertriebserfolge je Kundenberater stellen in dem hier untersuchten Bereich lediglich grundsätzliche Tendenzaussagen dar.

Die Teilnehmer wurden von den Vorständen der Sparkassen bzw. durch von ihnen beauftragte Personen angeschrieben und über die Onlinebefragung sowie deren Zielsetzung informiert. Die Teilnahme an der Untersuchung war freiwillig und anonym. Um die Anonymität der Umfrage in den Sparkassen zu gewähr-

206 Die Abgrenzung der Segmente kann zwischen den Sparkassen variieren.

Tabelle 1: Beispielfrage aus Fragebogen

	trifft überhaupt nicht zu	trifft eher nicht zu	weder noch	trifft eher zu	Trifft voll und ganz zu
Wenn ich den Kunden begrüße bzw. in den ersten Minuten des Gesprächs, stelle ich vor allem offene Fragen (W-Fragen).	○	○	○	○	○

leisten, wurde auf eine Kodierung als Pseudonymisierung der Teilnehmer verzichtet. Ferner standen den Probanden als Ansprechpartner die Personalratsvorsitzenden der Sparkassen als Vertrauensperson zur Verfügung, um bei etwaigen Unklarheiten diese entweder zu beantworten oder anonym und gebündelt an den Verfasser dieser Arbeit zur Beantwortung weiterzuleiten. Die Personalratsvorsitzenden wurden nicht explizit in den Fragebogen eingewiesen. In einem Fall stellte der Personalratsvorsitzende einer Sparkasse eine Verständnisfrage zu einem Item. Insgesamt wurden in den Sparkassen ca. 300 Personen angeschrieben und der Link für die Onlinebefragung zur Verfügung gestellt. Die Beantwortung der Fragen konnte am Arbeitsplatz oder an einem beliebigen Ort mit entsprechender technischer Ausstattung und Zugang zum Internet in dem Zeitraum vom 3. bis 31. August 2017 erfolgen. Eine explizite Einführung in die Systematik und Fragestellung erfolgte nicht, um die Antworten neutral zu halten und den Eindruck einer sozialen Gewünschtheit auszuschließen bzw. zu reduzieren.

Alle zugrundeliegenden Fragen wurden auf einer 5-stufigen Likert-Skala mit den Ausprägungen 1 = trifft überhaupt nicht zu, 2 = trifft eher nicht zu, 3 = weder noch, 4 = trifft eher zu und 5 = trifft voll und ganz zu gemessen. Eine Beispielfrage zum Konstrukt der Fragetechnik ist in Tabelle 1 dargestellt. Die Angabe des persönlichen Vertriebserfolgs konnte in den im Fragebogen aufgeführten Bandbreiten erfolgen, um die Bereitschaft zur Teilnahme durch eine sichtbare Anonymisierung des eigenen Wertes zu erhöhen.

4.4 Empirisches Vorgehen

Die Items wurden zunächst auf Basis der theoretischen Grundlagen des Kapitels 3 erstellt und mit Hilfe von Experten in diesem Forschungsbereich kritisch reflektiert. Anschließend wurde eine Testversion des Onlinefragebogens zwei Führungskräften mit Vertriebsverantwortung und Beratungserfahrung einer teilnehmenden Sparkasse zur Bearbeitung zur Verfügung gestellt, um die Verständlichkeit der Fragen zu überprüfen. Auf Basis der Rückmeldungen wurde die Reihenfolge der Fragestellungen geändert. Die Konstrukte im Fragebogen wurden vor der Durchführung der Befragung mit Hilfe eines Pretests mit elf Teilnehmern einer Sparkasse auf Validität und Reliabilität getestet. Die Ergebnisse des Pretests zeigten keine größeren Schwächen der Konstrukte, so dass lediglich einige formale Fehler beseitigt und für die Konstrukte *Redeanteile* und *Zuhören* zusätzlich jeweils eine Frage hinzugefügt wurde.

Zunächst wurde eine explorative Faktorenanalyse durchgeführt, um Strukturen in den Variablensets der latenten Variablen *Paraphrase, Fragetechnik, Sprecherwechsel, Hörverstehen, Zuhören, Redeanteile*, *Rollenanforderung* und *Grundhaltung* erkennen zu können. Hierbei wurden Gruppen von Variablen (Items) identifiziert, die hoch miteinander korrelieren, und von weniger korrelierten Gruppen getrennt, wobei erstere auch Faktoren genannt werden.[207] Für die Ermittlung der Faktoren wurde die Hauptkomponentenmethode (Principal Component Analysis PCA) mit Varimax Rotation angewendet. Die Anzahl der Faktoren wurde nach dem „Eigenwertkriterium" (Eigenwert ≥ 1) bestimmt.[208]

Nach der Bestimmung der Faktoren der jeweiligen latenten Variablen wurden die Items der Faktoren mit Faktorladungen $\geq 0{,}5$ berücksichtigt und auf Reliabilität mit Hilfe von Cronbachs Alpha überprüft. Cronbachs Alpha Werte $> 0{,}5$ wurden dabei als akzeptabel eingestuft.[209] Die ermittelten Faktoren und ihre Items wurden dann zur Erklärung der Konstrukte *Paraphrase, Fragetechnik, Sprecherwechsel, Hörverstehen, Zuhören, Redeanteile, Rollenanforderung* und *Grundhaltung* verwendet.

Anschließend wurden die Hypothesen mit Hilfe der Partial-Least-Squares-Methode (PLS) unter Berücksichtigung der ermittelten Faktoren überprüft.[210] Die PLS-Pfadmodellierung kommt ohne strikte Verteilungsannahmen aus und stellt nur geringe Anforderungen an die Stichprobengröße.[211] Nach Barclay, Higgins und Thompson (1995) errechnet sich die erforderliche Stichprobengröße durch zehn multipliziert mit der Anzahl der unabhängigen Variablen der komplexesten

207 Vgl. Backhaus, K. et al. (2015)
208 Vgl. Field, A. (2013)
209 Vgl. Field, A. (2013)
210 Vgl. Wold, H. (1966)
211 Vgl. Henseler, J. (2005)

Regression im Modell.[212] Damit lag die erforderliche Mindeststichprobengröße bei n = 40, die mit n = 131 übererfüllt wurde.[213]

PLS-Modelle bestehen aus einem Strukturmodell (inneres Modell) und Messmodell (äußeres Modell). Das äußere Modell zeigt den Zusammenhang der gemessenen Variablen (Items) mit den dazugehörigen latenten Variablen und gibt damit die Messbarmachung der latenten Variablen wieder.[214] Dabei ist es möglich, den Zusammenhang der Items und der latenten Variablen reflektiv oder formativ darzustellen.[215] In dieser Arbeit wurden ausschließlich reflektive Messmodelle verwendet. Das Strukturmodell bildet die Zusammenhänge der latenten Variablen ab.

4.5 Deskriptive Statistiken

Von den angeschriebenen möglichen Teilnehmern der fünf Sparkassen wurden 56 % Fragebögen teilweise bzw. 44 % komplett ausgefüllt. Die vollständig ausgefüllten Fragebögen enthielten zwei Ausreißer, wo z. B. das Alter mit 1.000 angegeben und alle Fragen gleich beantwortet wurden. Diese Ausreißer wurden herausgefiltert. 58 % der Teilnehmer waren weiblich und 42 % männlich (vgl. Abbildung 4).

Der Altersschwerpunkt der teilnehmenden Berater lag wie in Abbildung 5 dargestellt bei 58,8 % im Alter zwischen 25 und 50 Jahren. Die Altersklassen älter als 50 Jahren bzw. jünger als 26 Jahren waren mit jeweils 20,6 % gleich verteilt.

Als höchsten Bildungsabschluss gaben u. a. 39,7 % der Befragten das Abitur an. Diesem höchsten Wert folgen aufbauende Weiterbildungen mit 29 % bzw. die Ausbildung/Lehre mit 12,2 %. Über eine akademische Ausbildung verfügen insgesamt 13 % der Befragten. 6,1 % der Teilnehmer hatten einen Realschulabschluss (vgl. Abbildung 6).

212 Vgl. Barclay, D./Higgins, C./Thompson, R. (1995)
213 Vgl. Barclay, D./Higgins, C./Thompson, R. (1995)
214 Vgl. Nitzl, C. (2010)
215 Vgl. Eggert, A./Fassot, G. (2003); ebenso Weiber, R./Mühlhause, D. (2010)

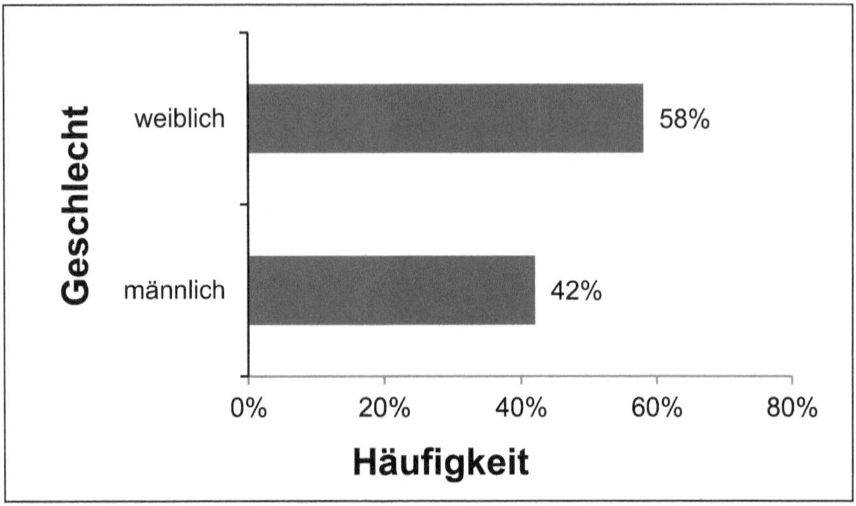

Abbildung 4: Geschlechterverteilung

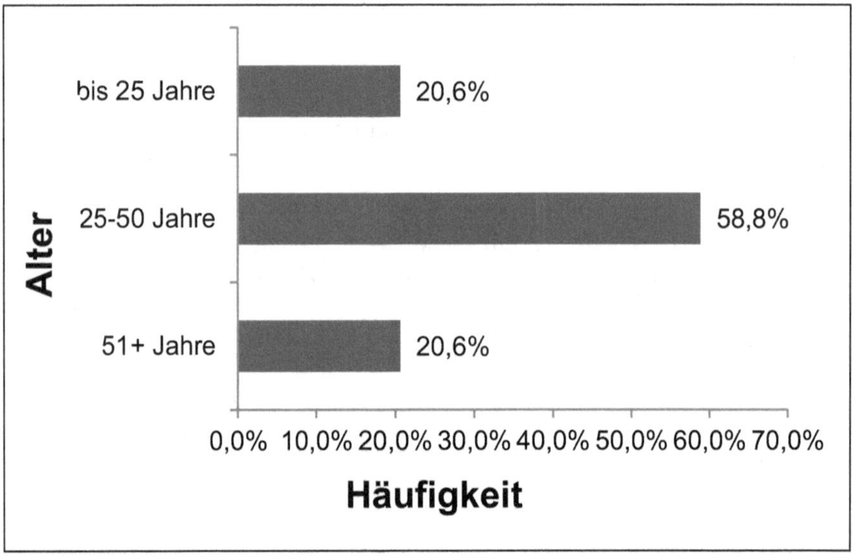

Abbildung 5: Altersverteilung

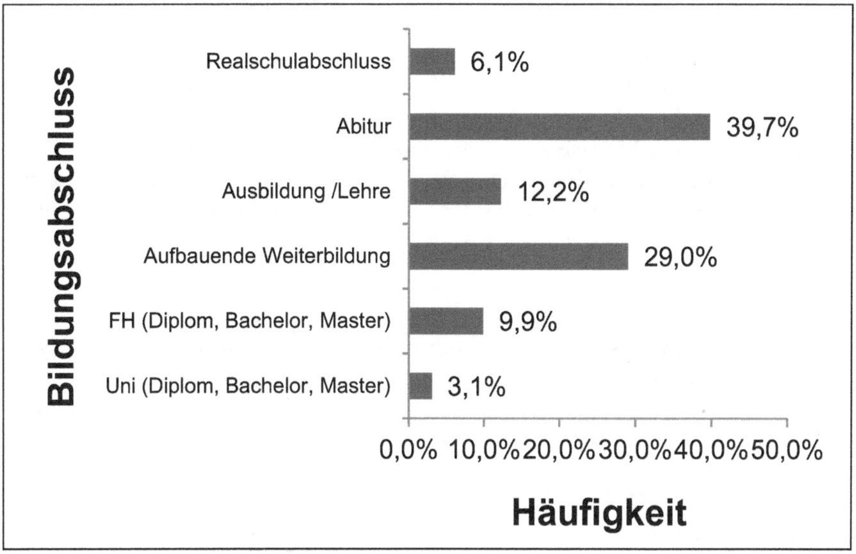

Abbildung 6: Verteilung Bildungsabschluss

Wie Tabelle 2 zeigt, lag die durchschnittliche Berufserfahrung der Probanden bei 18,14 Jahren und deren Standardabweichung bei 12,745 Jahren (Bandbreite von rund 5,4 bzw. rund 30,9 Berufsjahren). Der höchste angegebene Wert lag bei 46 Jahren Berufserfahrung. Die durchschnittliche Gesamtzielerreichung (GZE) lag bei 5,53. Das entspricht einer GZE von 90 % bis 100 % im Zielsystem. Die Standardabweichung wurde mit 2,209 ermittelt. Der niedrigste Wert lag bei 1 (GZE kleiner 50 %) und der höchste bei 11 (GZE von 150 %). Das durchschnittliche Alter der Befragten wurde mit 38,02 Jahren und die Standardabweichung mit 12,316 Jahren ermittelt. Damit waren die Teilnehmer im Wesentlichen zwischen rund 26 und 50 Jahren alt. Der jüngste Teilnehmer war 20 und der älteste 62 Jahre alt.

Tabelle 2: Deskriptive Statistiken

	N	Minimum	Maximum	Mittelwert	Standard-abweichung
Berufserfahrung	131	1	46	18,14	12,745
Gesamtzielerreichung	131	1	11	5,53	2,209
Alter	131	20	62	38,02	12,316
N	131				

4.6 Faktorenanalyse

Tabelle 3 zeigt eine Übersicht der ermittelten Faktoren mit Hilfe der Faktorenanalyse, die im Fragebogen gestellten Fragen der zugrundeliegenden Faktoren, die Kodierung im Modell sowie die dazugehörigen Cronbachs-Alpha-(CA)-Werte. Detailliertere Ergebnisse und die dazugehörigen SPSS-Ausgaben können dem Anhang H entnommen werden. Bis auf *Steuerung*, *Aktivierung* und *Eigenzentrierung* weisen alle Cronbachs-Alpha-Werte akzeptable bis sehr gute Werte auf.[216]

Aufgrund des explorativen Charakters der Studie und inhaltlicher Überlegungen werden die Faktoren Steuerung, Aktivierung und Eigenzentrierung ebenfalls in das PLS-Modell integriert. Alle zugrundeliegenden Fragen wurden auf einer 5-stufigen Likert-Skala gemessen mit den Ausprägungen 1 = trifft überhaupt nicht zu, 2 = trifft eher nicht zu, 3 = weder noch, 4 = trifft eher zu und 5 = trifft voll und ganz zu.

Tabelle 3: Faktorenanalyse

Konstrukt	Faktor	Item	CA
Hörverstehen	Sprechtempo	Bei Kindern oder älteren Kunden rede ich gezielt langsamer. Hörverstehen_2	0,542
		Bei Kindern oder älteren Kunden mache ich bewusst kürzere Sätze. Hörverstehen_4	
		Bei jüngeren Kunden kann ich durchaus schneller reden. Hörverstehen_3	
	Verstärkungen	Einzelne Aspekte, die mir besonders wichtig sind, wiederhole ich immer wieder, damit der Kunde sie auch versteht. Hörverstehen_1	
	Fokussierung	Bei älteren Kunden konzentriere ich mich auf die wesentlichen Vor- und Nachteile des Produktes. Hörverstehen_6	
Zuhören	Körpersprachlich_Z	Ich halte Blickkontakt zum Kunden, wenn er mit mir spricht, um zu zeigen, dass ich ihm zuhöre. Zuhören_2	0,650
		Ich wende mich dem Kunden mit meinem Oberkörper und Kopf zu, wenn er mit mir spricht, um zu zeigen, dass ich ihm zuhöre. Zuhören_3	
		Ich nicke regelmäßig, wenn der Kunde zu mir spricht, um zu zeigen, dass ich ihm zuhöre. Zuhoeren_1	

216 Vgl. Field, A. (2013)

Konstrukt	Faktor	Item	CA
	Aktives Zuhören	Wenn der Kunde spricht, führe ich einzelne Sätze fort, damit er erkennt, dass ich seine Gedanken nachvollziehen kann. Zuhören_5 Wenn der Kunde spricht, mache ich Äußerungen wie „Ahja..., Aha..., .mmmh.., interessant..." etc., um ihm zu zeigen, dass ich ihm zuhöre. Zuhören_4	0,526
Fragetechnik	Verwendung Fragetrichter	Offene Fragen, sogenannte W-Fragen, stelle ich insbesondere zu Beginn des Beratungsgesprächs, um möglichst viele Informationen von dem Kunden zu bekommen. Fragetechnik01_2 Wenn ich den Kunden begrüße bzw. in den ersten Minuten des Gesprächs stelle ich vor allem offene Fragen (W-Fragen). Fragetechnik01_1 Ich verwende im Gesprächsverlauf systematisch den sogenannten Frage-Trichter, also zu Beginn des Beratungsgesprächs vermehrt offene Fragen (W-Fragen) und zum Ende eher geschlossene Fragen. Fragetechnik02_5 Geschlossene Fragen (z. B. Fragen mit Ja/Nein-Antworten oder Alternativfragen) verwende ich vor allem in der Abschlussphase des Beratungsgesprächs. Fragetechnik02_4	0,730
	Geschlossene Fragen	Geschlossene Fragen (z. B. Fragen mit Ja/Nein-Antworten oder Alternativfragen) verwende ich zum Teil, wenn ich dem Kunden das Produktangebot unterbreite. Fragetechnik02_3 Nachdem ich viele Informationen von dem Kunden bekommen habe, verwende ich geschlossene Fragen (z. B. Fragen mit Ja/Nein-Antworten oder Alternativfragen), um eine Auswahl der wichtigsten Themen mit dem Kunden zu treffen. Fragetechnik02_1 Wenn ich mir nicht sicher bin, was der Kunde gemeint hat, verwende ich geschlossene Fragen (z. B. Fragen mit Ja/Nein-Antworten oder Alternativfragen), um ihn besser zu verstehen. Fragetechnik02_2	0,620

Konstrukt	Faktor	Item	CA
Sprecherwechsel	Körpersprachlich_S	Um das Wort zu ergreifen, beuge ich mich bei Ausführungen des Kunden nach vorne. Sprecherwechsel02_2 Damit der Kunde spricht, lehne ich mich nach meinen Ausführungen zurück. Sprecherwechsel01_4 Wenn der Kunde spricht, atme ich tief ein, um zu zeigen, dass ich etwas sagen möchte. Sprecherwechsel02_1 Damit der Kunde erkennt, dass ich etwas sagen möchte, schaue ich ihn intensiv an. Sprecherwechsel02_3	0,754
	Verbal	Ich verwende bewusst Begriffe wie „...also", "nun" etc., um den Kunden in seinen Ausführungen zu unterbrechen und das Wort zu erhalten. Sprecherwechsel02_6 Wenn ich etwas sagen möchte, nicke ich zustimmend. So erkennt der Kunde, dass ich etwas sagen möchte. Sprecherwechsel02_4 Wenn ich das Wort ergreifen möchte, räuspere ich mich. Sprecherwechsel02_5	0,521
	Stimmmodulation/ Pausen	Ich reduziere bewusst die Lautstärke meiner Stimme, damit der Kunde in das Gespräch einsteigen kann. Sprecherwechsel01_3 Am Ende meiner Ausführungen/Erläuterungen senke ich meine Stimme, damit der Kunde weiß, dass er nun sprechen soll. Sprecherwechsel01_1 Ich füge in das Gespräch gezielt Pausen ein, damit der Kunde die Gelegenheit hat, zu sprechen. Sprecherwechsel01_2	0,727
	Blickkontakt	Um den Kunden in das Gespräch zu integrieren, schaue ich ihn direkt an. Sprecherwechsel01_5 Wenn ich am Ende meiner Ausführungen bin oder wenn der Kunde sprechen soll, schaue ich ihn an. Sprecherwechsel01_6	0,663
Paraphrase	Paraphrase	Alle Items laden auf einen Faktor.	0,744

Konstrukt	Faktor	Item	CA
Redeanteile	Steuerung	Bei manchen Kunden ist es schwer, eigene Themen einzubringen, da die Kunden sehr umfänglich und ausschweifend sprechen. Redeanteile_4 Bei Kunden, die verschlossen sind, rede ich mehr als sie, damit ihnen es nicht unangenehm ist. Redeanteile_3 Mitunter ergeben sich aus den Stichworten des Kunden so viele Themenbereiche, die ich in einem Gespräch allein nicht alle mit dem Kunden besprechen kann und auch nicht auf alle Fragen und Informationen des Kunden eingehen kann. Redeanteile_5	0,447
	Aktivierung	Wenn Kunden eher schweigsam und verschlossen sind, stelle ich viele offene (W-)Fragen, um Informationen von Ihnen zu bekommen. Redeanteile_2 Bei Kunden, die viel reden, versuche ich gezielt in ihren Pausen das Wort zu übernehmen. Redeanteile_1	0,309
Rollen-Anforderung	Kundenverständnis/ Empathie	Es fällt mir manchmal schwer, die von den Kunden vorgebrachten Beispiele oder Argumente zu verstehen. Rollenanforderung_7 Manche Situationen von Kunden sind mir unverständlich. Rollenanforderung_8 Einige Kunden verwenden eine Fachsprache oder Fremdwörter, die ich nicht verstehe. Ich frage dann auch nicht nach deren Bedeutung. Rollenanforderung_6 Es fällt mir teilweise schwer, zu verstehen, in welchen Lebensumständen die Kunden leben. Rollenanforderung_9 Es gibt Erzählungen von manchen Kunden, die mich nicht interessieren. Rollenanforderung_1	0,700
	Non-Direktivität	Einigen Kunden sehe ich schon beim Hereinkommen an, dass sie kein Geld haben. Rollenanforderung_2 Einigen Kunden muss ich klar die Richtung zeigen. Rollenanforderung_3 Manche Kunden wissen nicht genau, was sie wollen. Dann entscheide ich für sie. Rollenanforderung_4	0,582
	Kundenorientierte Sprache	Ich kann mich immer in die Kunden hineinversetzen. Rollenanforderung_10 Manche Kunden haben eine so einfache Sprache, da fällt es mir schwer, mich auf eine so geringe Stufe zu begeben. Rollenanforderung_5	0,522

Konstrukt	Faktor	Item	CA
Grundhaltung	Gesprächs-Symmetrie	Bei manchen Kunden fällt es mir schwer, sie zum Reden zu bringen, dann rede ich lieber mehr. Grundhaltung_1	0,815
		Manche Kunden sind eher schweigsam, dann rede ich für sie. Grundhaltung_2	
	Kunden-verständnis	Einige Kunden müssen Themen nur kurz andeuten, dann weiß ich schon, was sie wollen. Grundhaltung_7	0,697
		Es ist mir bei manchen Kunden schon von vornherein klar, was sie wollen. Grundhaltung_6	
	Eigen-zentrierung	Damit die Kunden einzelne Aspekte besser verstehen, verwende ich gern Beispiele aus meiner eigenen Erfahrung. Grundhaltung_3	0,328
		Einige Kunden sind sehr schüchtern und unterwürfig. Das macht mir aber nichts aus. Grundhaltung_5	

4.7 Partial-Least-Square-Modell

4.7.1 *Strukturmodell*

Das Strukturmodell (vgl. Abbildung 7) bildet die Zusammenhänge zwischen den Konstrukten im Pfaddiagramm ab. Es wird ein Strukturmodell höherer Ordnung, hier 3. Ordnung, verwendet (hierarchisches Komponentenmodell HCM). Modelle dieser Art enthalten latente Variablen, die nicht durch gemessene Items erklärt werden, sondern wiederum durch latente Variablen. Die Umsetzung dieses Modells ist in Partial-Least-Square (PLS) durch die Methode der wiederholten manifesten Variablen (Items) möglich, die von Wold 1982 eingeführt wurde.[217] Die Pfadkoeffizienten können bei diesem Modell ebenfalls über den standardmäßigen PLS-Algorithmus geschätzt werden.

217 Vgl. Wold, H. (1982); ebenso Hair, J. et al. (2017)

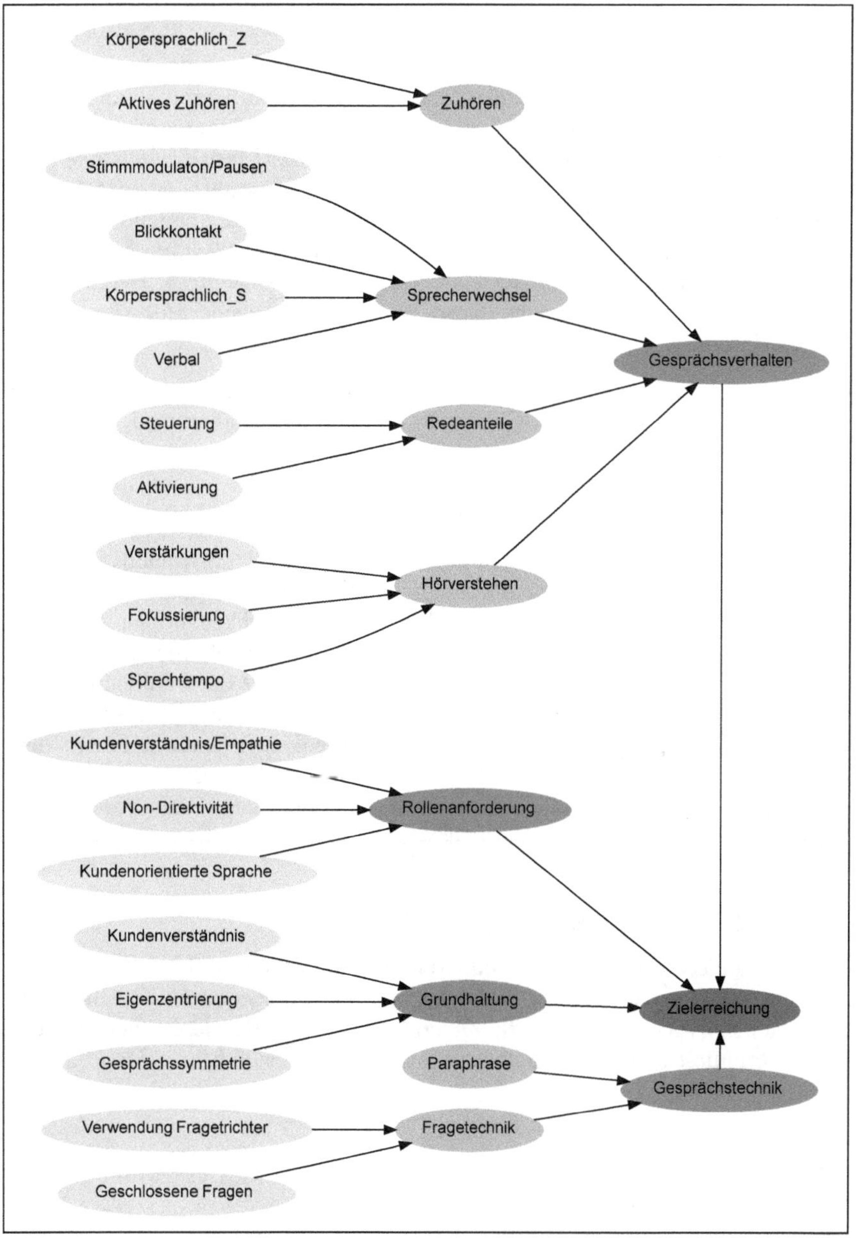

Abbildung 7: Vollständiges Strukturmodell

4.7.2 *Messmodelle*

Die Messmodelle (Indikatoren/Items der latenten Variablen) der mit Hilfe der Faktorenanalyse ermittelten Faktoren wurden leicht modifiziert, um die Ergebnisse der Konstrukte *Rollenanforderung* und *Grundhaltung* zu verbessern. Dafür wurde das Item *Rollenanforderung_1* des Faktors *Kundenverständnis/Empathie* und das Item *Grundhaltung_1* des Faktors *Gesprächssymmetrie* aus der Analyse ausgeschlossen. Da im Modell ausschließlich reflektive Messmodelle verwendet werden, ist die Herausnahme eines Indikators unproblematisch, da es zu keiner inhaltlichen Änderung des Konstrukts kommt.[218] Die Folge dieser Herausnahme sind leicht veränderte Cronbachs Alpha Werte in der Tabelle *Modellevaluation Messmodelle* im Vergleich zu Tabelle 3.

Eine Übersicht der im PLS-Modell verwendeten Indikatoren und die dazugehörigen Konstrukte (Messmodelle) können Abbildung 8 entnommen werden (s. nächste Seite).

4.7.3 *PLS-Ergebnisse*

Abbildung 9 (s. Seite 66) zeigt die Pfadkoeffizienten des PLS-Modells der latenten Variablen zweiter und dritter Ordnung. Die Ergebnisse der latenten Variablen erster bis dritter Ordnung sind aufgrund der Übersichtlichkeit in den Abbildungen 9, 10 und 11 getrennt aufgeführt. Pfadkoeffizienten > 0,1 sprechen für einen positiven Zusammenhang.[219] Eine statistische Signifikanz der Pfadkoeffizienten wird mit Hilfe der Bootstrapping-Methode getestet und in der Grafik mit Hilfe von Signifikanz-„Sternchen" angezeigt.[220] Die Pfadkoeffizienten können Werte von –1 bis 1 annehmen. Je näher der Wert an 1 oder –1 liegt, desto größer ist der Einfluss. Chin geht bei Pfadkoeffizienten ≥ 0,2 bereits von einem bedeutsamen Zusammenhang aus, wobei die Pfadkoeffizienten mindestens ≥ 0,1 sein sollten.[221]

4.7.3.1 Rollenanforderung

Es wurde die Hypothese (H1) formuliert (s. Kapitel 2.3), dass die *Rollenanforderung* eines Kundenberaters zur Erfüllung einer kundenzentrierten Kommunikation einen positiven Einfluss auf die *Zielerreichung* eines Kundenberaters hat. Das Modell ermittelt keinen nachzuweisenden signifikanten Einfluss der *Rollenan-*

218 Vgl. Diamantopoulos, A./Winklhofer, H. (2001); ebenso Nitzl, C. (2010)
219 Vgl. Lohmöller, J.-B. (1989)
220 Vgl. Bollen, K./Stine, R. (1992)
221 Vgl. Chin, W. (1998)

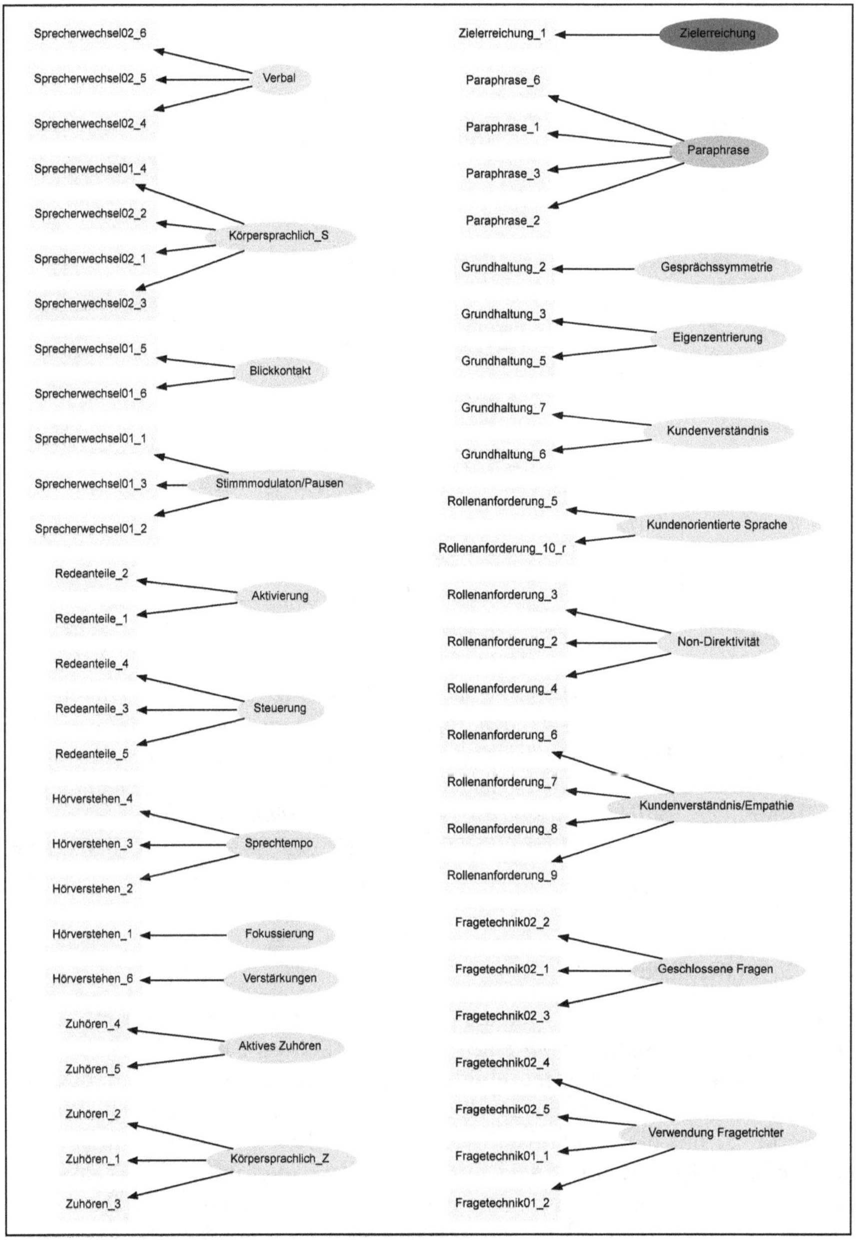

Abbildung 8: Messmodelle Gesprächsverhalten und Gesprächstechnik

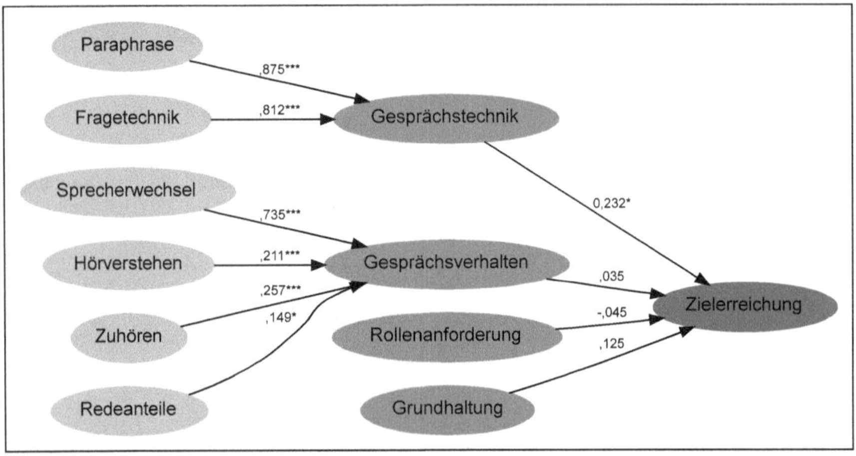

Signifikanzlevel	t-Wert (zweiseitiger Test)
,001	3,291***
,01	2,576**
,05	1,960*

Abbildung 9: PLS-Ergebnisse Zielerreichung

forderung auf die *Zielerreichung*, wobei der Pfadkoeffizient mit einem Wert von -0,045 einen zu vernachlässigenden negativen Effekt zeigt (vgl. Abbildung 10). Die Wirkung des Konstrukts *Kundenverständnis/Empathie* auf die *Rollenanforderung* ist mit einem Pfadkoeffizienten von 0,698 als hoch zu bezeichnen und signifikant. Der Einfluss der Konstrukte *Non-Direktivität* (0,326) bzw. *Kundenorientierte Sprache* (0,318) auf die *Rollenanforderung* ist zwar signifikant, aber mit geringer Ausprägung. Insgesamt wurde die Hypothese *Rollenanforderung* (H1) durch das Modell nicht bestätigt.

4.7.3.2 Grundhaltung

In Kapitel 3.2.2 wurde die Hypothese (H2) aufgestellt, dass eine kooperative und kundenzentrierte *Grundhaltung* einen positiven Einfluss auf die *Zielerreichung* eines Kundenberaters hat. Der Abbildung 10 kann entnommen werden, dass die *Grundhaltung* keinen signifikanten Einfluss auf die *Zielerreichung* hat. Die Effektstärke ist mit einem Pfadkoeffizienten von 0,125 gering einzustufen. Das beschreibende Konstrukt des *Kundenverständnisses* zeigt mit einem Pfadkoeffizienten von 0,795 die höchste Wirkung auf die *Grundhaltung*, während die *Eigenzentrierung* (0,357) bzw. *Gesprächssymmetrie* (0,247) einen geringeren

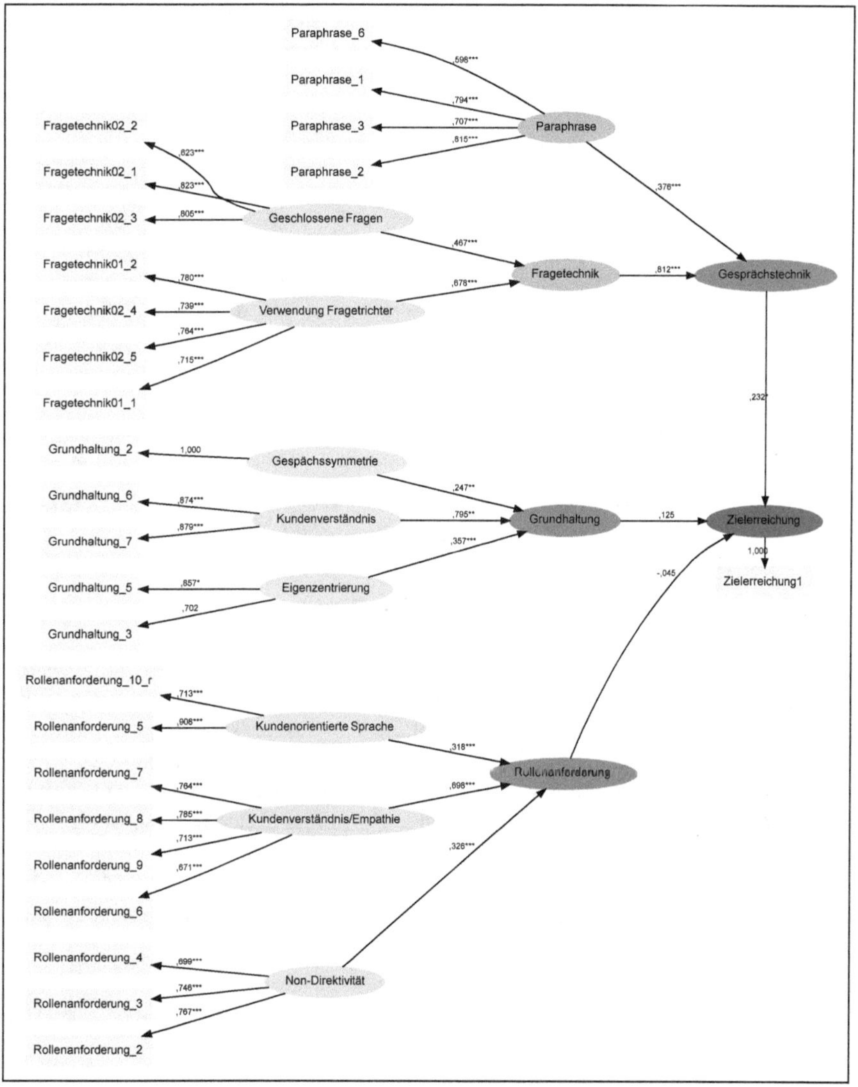

Signifikanzlevel	t-Wert (zweiseitiger Test)
,001	3,291***
,01	2,576**
,05	1,960*

Abbildung 10: PLS-Ergebnisse Rollenanforderung, Grundhaltung, Gesprächstechnik

Einfluss hat. Alle drei Konstrukte sind signifikant, wobei das *Kundenverständnis* als hoch signifikant einzustufen ist. Insgesamt konnte die Hypothese *Grundhaltung* (H2) durch das Modell nicht bestätigt werden.

4.7.3.3 Gesprächsverhalten

Es wurde in Kapitel 3.5 die Hypothese (H3) aufgestellt, dass kundenzentriertes *Gesprächsverhalten* einen positiven Einfluss auf die *Zielerreichung* eines Kundenberaters hat. Das Modell konnte keinen signifikanten Einfluss des *Gesprächsverhaltens* auf die *Zielerreichung* nachweisen (vgl. Abbildung 11, s. nächste Seite). Mit einem Pfadkoeffizienten von 0,035 war zudem der Effekt gering. Die beschreibenden Konstrukte *Sprecherwechsel* (H6a), *Redeanteile* (H6b), *Hörverstehen* (H6c) und *Zuhören* (H6d) sind hinsichtlich des *Gesprächsverhaltens* jeweils signifikant, wobei der Sprecherwechsel als hoch signifikant einzustufen ist und mit einem Pfadkoeffizienten von 0,736 einen hohen Einfluss auf das Gesprächsverhalten zeigt, während im Vergleich die *Redeanteile* (0,149), das *Hörverstehen* (0,211) und das *Zuhören* (0,257) einen geringen Effekt zeigen. Insgesamt konnte die Hypothese *Gesprächsverhalten* (H3) durch das Modell nicht bestätigt werden.

4.7.3.4 Gesprächstechnik

Mit der Hypothese 4 (H4) wurde in Kapitel 3.6 geschlossen, dass die Anwendung einer kundenzentrierten *Gesprächstechnik* einen positiven Einfluss auf die *Zielerreichung* eines Kundenberaters hat. Ein positiver signifikanter mittlerer Einfluss der *Gesprächstechnik* auf die *Zielerreichung* konnte durch das Modell mit einem Pfadkoeffizienten von 0,232 nachgewiesen werden (vgl. Abbildung 10). Die hier untersuchten Konstrukte der *Paraphrase* (H5a) bzw. der *Fragetechnik* (H5b) nehmen mit Pfadkoeffizienten von 0,875 bzw. 0,812 einen nahezu gleich hohen signifikanten Einfluss auf die *Gesprächstechnik.* Das Modell hat die Hypothese 4 (H4) bestätigt: Die *Gesprächstechnik* hat einen positiven Einfluss auf die *Zielerreichung*.

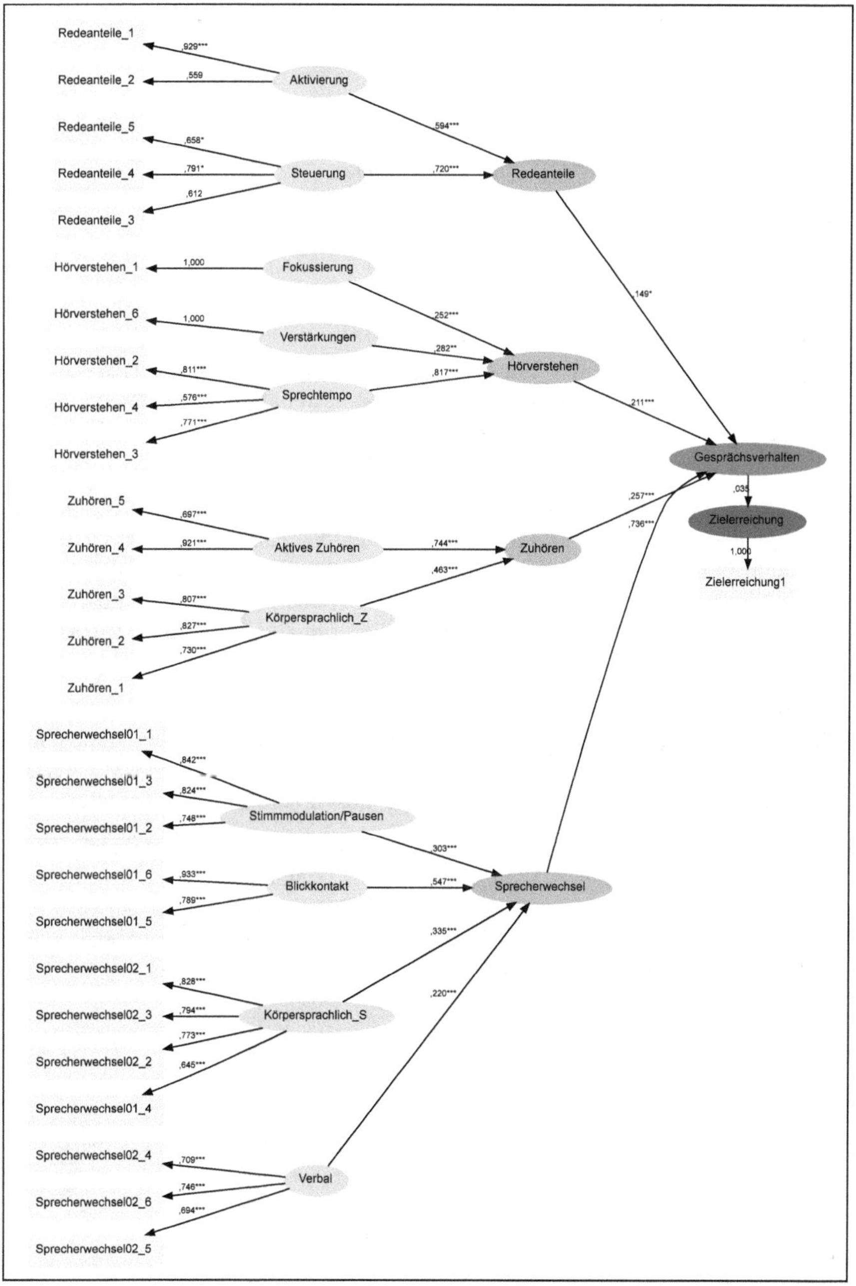
Redeanteile_1
,929***
Redeanteile_2
,559
Aktivierung
Redeanteile_5
,658*
,594***
Redeanteile_4
,791*
Steuerung
,720***
Redeanteile
,612
Redeanteile_3
Hörverstehen_1
1,000
Fokussierung
,149*
Hörverstehen_6
1,000
,252***
Verstärkungen
,282**
Hörverstehen_2
,811***
,817***
Hörverstehen
Sprechtempo
Hörverstehen_4
,576***
,211***
,771***
Hörverstehen_3
Gesprächsverhalten
Zuhören_5
,257***
,697***
,736***
Zielerreichung
Zuhören_4
,921***
Aktives Zuhören
,744***
Zuhören
,463***
Zielerreichung1
Zuhören_3
,807***
Körpersprachlich_Z
,827***
Zuhören_2
,730***
Zuhören_1
Sprecherwechsel01_1
,842***
Sprecherwechsel01_3
,824***
,748***
Stimmmodulation/Pausen
Sprecherwechsel01_2
,303***
Sprecherwechsel01_6
,933***
Blickkontakt
,547***
Sprecherwechsel
,789***
Sprecherwechsel01_5
,335***
Sprecherwechsel02_1
,828***
,220***
Sprecherwechsel02_3
,794***
Körpersprachlich_S
,773***
Sprecherwechsel02_2
,645***
Sprecherwechsel01_4
Sprecherwechsel02_4
,709***
Verbal
Sprecherwechsel02_6
,746***
,694***
Sprecherwechsel02_5

Signifikanzlevel	t-Wert (zweiseitiger Test)
,001	3,291***
,01	2,576**
,05	1,960*

Abbildung 11: PLS-Ergebnisse Gesprächsverhalten

4.7.4 *Modellevaluation*

4.7.4.1 Messmodelle

Tabelle 4 zeigt die Ergebnisse der reflektiven Messmodelle der aus der Faktorenanalyse ermittelten Faktoren und die wichtigsten Gütekriterien im PLS-Modell. Als Gütekriterien werden die Ladungen, Konstruktreliabilität (Composite Reliability CR), durchschnittlich erfasste Varianz (Average Variance Extracted (AVE)) und Cronbachs Alpha (CA) verwendet.

Die Ladungen sollten mindestens ≥ 0,5, besser ≥ 0,7 betragen, damit die Indikatoren einen signifikanten Erklärungsbeitrag für die Faktoren liefern.[222] Dieses Kriterium wird für alle Items im Modell erfüllt. Die Konstruktreliabilität misst, wie gut die Indikatoren eines Konstrukts dieses wiedergeben, und sollte Werte ≥ 0,6 annehmen.[223] Auch dieses Kriterium wird für alle Konstrukte im Modell erfüllt.

AVE beschreibt die durchschnittlich erfasste Varianz und sollte Werte ≥ 0,5 annehmen, da so mindestens die Hälfte der Varianz des Konstrukts durch die dazugehörigen Items erklärt wird.[224] Der niedrigste AVE-Wert im Modell beträgt 0,513, so dass alle Konstrukte eine ausreichende Varianzaufklärung aufweisen.

Cronbachs Alpha sollte mindestens > 0,5 betragen.[225] Nur die Faktoren 6, 7 und *Aktivierung* verfehlen diesen Wert, werden aber trotzdem nicht aus dem Modell entfernt. Da die Studie einen relativ starken explorativen Charakter aufweist und das Konstrukt *Redeanteile* als inhaltlich sinnvoll für das Modell angesehen wird, werden die Faktoren im Modell belassen.

---

222 Vgl. Chin, W. (1998); ebenso Nitzl, C. (2010); ebenso Boßow-Thies, S./Panten, G. (2009)

223 Vgl. Ringle, C./Spreen, F. (2007)

224 Vgl. Ringle, C./Spreen, F. (2007); ebenso Nitzl, C. (2010)

225 Vgl. Field, A. (2013)

Tabelle 4: Gütekriterien PLS-Modell

Konstrukt	Item	Ladungen ≥ 0,5	CR ≥ ,6	AVE ≥ 0,5	CA > 0,5
Fragetechnik					
Verwendung Fragetrichter	Fragetechnik02_4	,739	,832	,623	,730
	Fragetechnik02_5	,764			
	Fragetechnik01_1	,715			
	Fragetechnik01_2	,780			
Geschlossene Fragen	Fragetechnik02_2	,623	,797	,667	,620
	Fragetechnik02_1	,823			
	Fragetechnik02_3	,805			
Paraphrase	Paraphrase_1	,794	,821	,538	,744
	Paraphrase_2	,815			
	Paraphrase_3	,707			
	Paraphrase_6	,598			
Rollenanforderung					
Kundenverständnis/ Empathie	Rollenanforderung_6	,671	,824	,534	,715
	Rollenanforderung_7	,764			
	Rollenanforderung_8	,785			
	Rollenanforderung_9	,713			
Non-Direktivität	Rollenanforderung_3	,746	,782	,545	,581
	Rollenanforderung_2	,767			
	Rollenanforderung_4	,699			
Kundenorientierte Sprache	Rollenanforderung_5	,908	,797	,667	,522
	Rollenanforderung_10_r	,713			
Grundhaltung					
Kundenverständnis	Grundhaltung_7	,879	,759	,612	,697
	Grundhaltung_6	,874			
Eigenzentrierung	Grundhaltung_5	,857	,869	,768	,328
	Grundhaltung_3	,702			
Gesprächssymmetrie	Grundhaltung_2	1,000			
Sprecherwechsel					
Körpersprachlich_S	Sprecherwechsel01_4	,645	,847	,582	,754
	Sprecherwechsel02_2	,773			
	Sprecherwechsel02_1	,828			
	Sprecherwechsel02_3	,794			
Verbal	Sprecherwechsel02_6	,746	,760	,513	,521
	Sprecherwechsel02_5	,694			
	Sprecherwechsel02_4	,709			
Stimmodulation/	Sprecherwechsel01_1	,842	,847	,650	,727

Konstrukt	**Item**	**Ladungen ≥ 0,5**	**CR ≥ ,6**	**AVE ≥ 0,5**	**CA > 0,5**
Pausen	Sprecherwechsel01_3	,824			
	Sprecherwechsel01_2	,748			
Blickkontakt	Sprecherwechsel01_5	,789	,854	,747	,663
	Sprecherwechsel01_6	,933			
Redeanteile					
Steuerung	Redeanteile_4	,791	,730	,478	,447
	Redeanteile_5	,658			
	Redeanteile_3	,612			
Aktivierung	Redeanteile_1	,929	,728	,587	,309
	Redeanteile_2	,559			
Hörverstehen					
Sprechtempo	Hörverstehen_4	,576	,767	,528	,542
	Hörverstehen_3	,771			
	Hörverstehen_2	,811			
Verstärkungen	Hörverstehen_1	1,000			
Fokussierung	Hörverstehen_6	1,000			
Zuhören					
Körpersprachlich_Z	Zuhören_2	,827	,832	,623	,650
	Zuhören_1	,730			
	Zuhören_3	,807			
Aktives Zuhören	Zuhören_4	,921	,797	,667	,526
	Zuhören_5	,697			

4.7.4.2 Strukturmodell

Die relevanten Gütekriterien für die Beurteilung des Strukturmodells sind das Bestimmtheitsmaß R-Quadrat, die Effektstärke f-Quadrat und die Prognoserelevanz Q-Quadrat, die in der Abbildung 12 aufgeführt sind.[226] Die Werte zeigen gute bis akzeptable Werte, so dass das Strukturmodell verwendet werden kann.

Das Bestimmtheitsmaß gibt den Anteil der durch die exogenen latenten Variablen erklärten Varianz der endogenen latenten Variable *Zielerreichung*. Das Modell weist ein relativ geringes R-Quadrat von 9 % auf, was jedoch als unproblematisch einzustufen ist, da niedrige R-Quadrat-Werte aufgrund der Modellzusammensetzung zu erwarten waren. Gerade in der Erfolgsfaktorenforschung sind geringe R-Quadrat-Werte häufig anzufinden, da eine Vielzahl von poten-

226 Vgl. Nitzl, C. (2010)

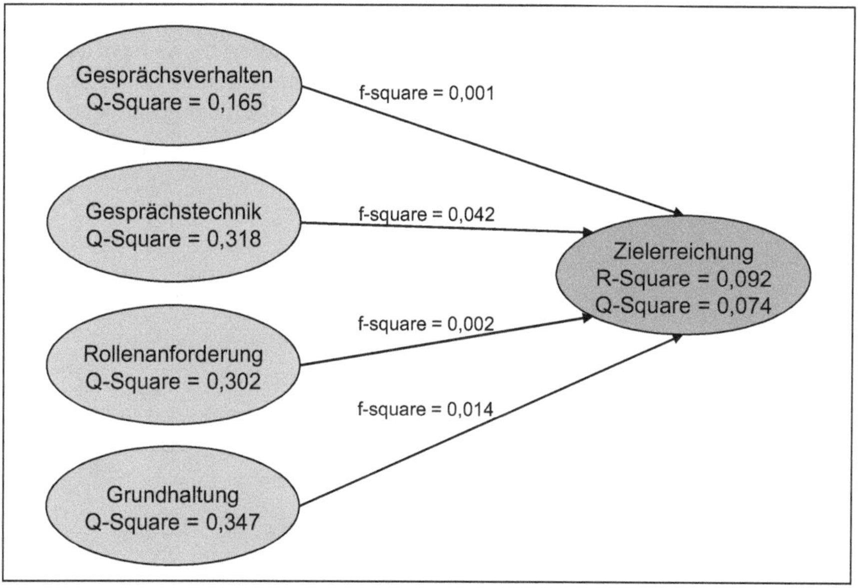

Abbildung 12: Modellevaluation Strukturmodell

ziellen Einflussvariablen, die den Erfolg beeinflussen, nicht berücksichtigt werden können.[227] So hängt die Zielerreichung eines Kundenberaters nicht ausschließlich vom *Gesprächsverhalten*, *Gesprächstechnik*, *Rollenanforderung* und der *Grundhaltung* ab. Auch das Wettbewerbsumfeld, die Produktpreise, die Räumlichkeiten oder die persönliche Bindung zwischen Kunde und Berater haben neben weiteren Aspekten Einfluss auf den Vertriebserfolg, so dass der R-Quadrat Wert von 9 % als akzeptabel einzustufen wird.

Die Effektstärke f-Quadrat gibt an, wie stark der Einfluss einer exogenen latenten Variable auf die endogene Variable ist.[228] F-Quadrat Werte ab 0,02, 0,15 und 0,35 stehen für einen schwachen, mittleren und starken Einfluss.[229] *Gesprächsverhalten*, *Rollenanforderung* und *Grundhaltung* haben nur einen sehr geringen Einfluss auf die Zielerreichung, wobei *Gesprächstechnik* einen geringen Einfluss auf die Zielerreichung aufweist.

227 Vgl. Bauer, M. (2002); ebenso Schloderer, M./Ringle, C.Sarstedt, M. (2009)
228 Vgl. Chin, W. (1998)
229 Vgl. Cohen, J. (1988); ebenso Chin, W. (1998)

Die Prognoserelevanz wird durch Stone-Geissers Q-Quadrat gemessen.[230] Q-Quadrat Werte > 0 zeigen eine ausreichende Prognoserelevanz, so dass das verwendete Modell die Rohdaten besser vorhersagen kann als eine Schätzung mit Hilfe von Mittelwerten.[231] Dieses Kriterium wird für alle endogenen Variablen erfüllt.

230 Vgl. Geisser, S. (1974); auch Stone, M. (1974); auch Schloderer, M./Ringle, C./Sarstedt, M. (2009)

231 Vgl. Krafft, M./Götz, O./Liehr-Gobbers, K. (2005); ebenso Nitzl, C. (2010)

5 Diskussion der Ergebnisse

5.1 Inhaltliche Interpretation

Die Ergebnisse der vorliegenden Studie konnten den Zusammenhang zwischen einer kundenzentrierten Kommunikation und dem Vertriebserfolg von Kundenberatern im Filialgeschäft von Sparkassen nur bedingt bestätigen. Lediglich eine kundenzentrierte *Gesprächstechnik* hat einen statistisch nachgewiesenen signifikanten mittleren Einfluss auf die *Zielerreichung* eines Vertriebsmitarbeiters. Die diesbezüglich untersuchten Konstrukte der *Fragetechnik* und *Paraphrase* mit Pfadkoeffizienten größer als 0,8 weisen in dem Modell einen deutlich stärkeren Einfluss auf als die übrigen Konstrukte. Die Anwendung der verschiedenen *Fragetechniken* fördert demnach positiv die Kunden-Berater-Kommunikation, da der Berater sich dadurch in die Situation, Wünsche, Ziele und Bedürfnisse des Kunden hineinversetzen kann (vgl. Kapitel 3.6.2).[232] Die *Gesprächstechnik* der *Paraphrase* trägt dazu bei, das gemeinsame Verständnis zwischen dem Kunden und Berater zu fördern (vgl. Kapitel 3.6.3). Beide Techniken unterstützen die drei von Bartsch und Marquart beschriebenen Wesensmerkmale einer (kooperativen) Kommunikation, Kontakt zu dem Kunden herzustellen, Verständnis für die Belange des Kunden als Grundintention aufzubringen und einen Prozess zum gemeinsamen Verstehen bzw. zum Herstellen gemeinsamen Verständnisses von unklaren Inhalten zu initiieren.[233] Die Anwendung dieser *Gesprächstechniken* führt somit zu einem an der *Zielerreichung* gemessenen höheren Vertriebserfolg eines Kundenberaters.

Der Einfluss eines kundenorientierten *Gesprächsverhaltens* auf die *Zielerreichung* konnte durch das Wirkungsmodell mit einem Pfadkoeffizienten von 0,035 nicht bestätigt werden und ist statistisch nicht signifikant, wobei das Konstrukt *Sprecherwechsel* einen hohen signifikanten Einfluss auf das *Gesprächsverhalten* zeigt. Insbesondere die in Kapitel 3.5.1 unter anderem von Schumacher aufgeführten Aspekte zum durch *Blickkontakt* initiierten *Sprecherwechsel* sind statistisch hoch signifikant und nehmen mit einem Pfadkoeffizienten von 0,504 positiven Einfluss auf das Konstrukt *Sprecherwechsel*. Im Vergleich dazu zeigen die Ergebnisse der Konstrukte *Hörverstehen* und *Zuhören* mit Pfadkoeffizienten zwischen 0,2 und 0,25 eine deutlich geringere Wirkung. Die in Kapitel 3.5.3 aufgeführten Aspekte zum „richtigen" *Zuhören* u. a. durch *körpersprachliche*

232 Vgl. Schumacher, O. (2013), S. 76

233 Vgl. Bartsch, E./Marquart, T. (1999), S. 15

H.-J. Reichmann, *Vertriebserfolg durch kundenzentrierte Kommunikation*,
BestMasters, https://doi.org/10.1007/978-3-658-25742-2_5

Signale oder *aktives Zuhören* sind beide statistisch hoch signifikant und zeigen mit ihren Pfadkoeffizienten von 0,653 bzw. 0,744 eine hohe Wirkung auf das Konstrukt *Zuhören.* Die im gleichen Kapitel formulierten Ausführungen zum *Hörverstehen* werden insbesondere durch das Konstrukt *Sprechtempo* durch eine adressatengerechte Modifikation der *Sprechgeschwindigkeit* bestätigt, deren Pfadkoeffizient mit 0,817 den stärksten positiven Einfluss zeigt und statistisch hoch signifikant ist. Die Konstrukte *Fokussierung* auf wesentliche Teile von Informationen des Gesprächs oder *Verstärkungen* im Sinne von *Wiederholungen* sind zwar statistisch signifikant; die Pfadkoeffizienten weisen mit Werten von 0,252 bzw. 0,282 einen geringen Einfluss auf das Konstrukt *Hörverstehen* auf.

Das Konstrukt *Redeanteile* nimmt mit dem niedrigsten aller ermittelten Pfadkoeffizienten von 0,149 einen geringen Einfluss auf das Konstrukt *Gesprächsverhalten.* Die Konstrukte der *Steuerung* bzw. *Aktivierung* zeigen mit Pfadkoeffizienten von 0,720 bzw. 0,594 eine hohe Wirkung auf das Konstrukt *Redeanteile* und sind beide statistisch signifikant. Die in den Kapiteln 3.1, 3.2 und 3.2.2 gemachten Ausführungen zur Einbeziehung des Kunden in das Gespräch und in die Lösungsfindung sowie das Bemühen um ein ausgewogenes und symmetrisches Beratungsgespräch wurden durch das Modell bestätigt.

Mit einem Pfadkoeffizienten von -0,045 hat das Konstrukt *Rollenanforderung* in dem Modell keinen Einfluss auf die *Zielerreichung.* Insbesondere das Konstrukt *Kundenverständnis/Empathie* nimmt mit einem Pfadkoeffizienten von 0,698 einen positiven Einfluss auf das Konstrukt *Rollenanforderung*, wobei neben diesem Konstrukt auch die Konstrukte *Non-Direktivität* und *Kundenorientierte Sprache* statistisch signifikant sind, allerdings mit Pfadkoeffizienten von 0,326 bzw. 0,318 geringe Wirkung auf das Konstrukt *Rollenanforderung* zeigen. Insofern wurden vor allem die in Kapitel 2.3 gemachten Ausführungen zu den *Rollenanforderungen* an Kundenberater grundsätzlich bestätigt; ein statistisch signifikanter Einfluss auf die *Zielerreichung* ist allerdings nicht nachweisbar. Das gleiche Fazit kann prinzipiell für das Konstrukt *Grundhaltung* eines Kundenberaters gezogen werden, das statistisch nicht signifikant ist und mit einem Pfadkoeffizienten von 0,125 eine niedrige Wirkung auf das Konstrukt *Zielerreichung* zeigt. Den höchsten Einfluss hat das Konstrukt *Kundenverständnis* (Pfadkoeffizient 0,795) auf das Konstrukt *Grundhaltung*, während die Wirkung der Konstrukte *Eigenzentrierung* (0,357) und *Gesprächssymmetrie* (0,247) gering zu bewerten sind. Alle drei Konstrukte können als statistisch signifikant bezeichnet werden.

Die Ergebnisse des Wirkungsmodells sind differenziert zu betrachten. Lediglich das Konstrukt zur *Gesprächstechnik* zeigt eine positive signifikante Wirkung auf die *Zielerreichung*, was eventuell darauf zurückgeführt werden kann, dass vor allem die *Fragetechniken* wesentlicher und wiederkehrender Bestandteil von vertrieblichen Schulungsmaßnahmen in Sparkassen sind. Kundenberater können diese möglicherweise leichter adaptieren sowie auf die Praxis übertragen und Führungskräfte, Vertriebstrainer etc. können deren Anwendung einfacher überprüfen. Entsprechendes ist im Grunde auf die *Paraphrase* übertragbar. Durch das regelmäßige Training wird ein selbst- und fremdreflektierter Prozess initiiert, der dazu geführt haben könnte, dass den Probanden eine differenzierte Selbsteinschätzung zu diesem Themenkomplex einfacher gelingt.

Hiervon abzugrenzen ist die Interpretation zur Beurteilung des Konstruktes *Gesprächsverhalten*. Zwar werden in Verkaufsschulungen körpersprachliche Aspekte wie „Zuwendung zum" und der „Blickkontakt mit" dem Kunden vermittelt, allerdings lassen sich auf Basis der Selbsteinschätzung der Probanden keine differenzierten Ergebnisse mit Wirkung auf die *Zielerreichung* feststellen, die statistisch signifikant sind. Das kann gegebenenfalls damit begründet werden, dass die Probanden in den überwiegenden Fällen zu der Selbsteinschätzung gelangen, sich körpersprachlich den Kunden zuzuwenden und Blickkontakt mit diesen zu halten. Die undifferenzierbaren Selbsteinschätzungen der Teilnehmer können möglicherweise ebenso auf die Konstrukte *Rollenanforderungen* bzw. *Grundhaltung* übertragen werden.

Die in Kapitel 3.4 getroffenen Ausführungen zur Oberflächen- und Tiefenstruktur könnten die vorherigen Betrachtungen insofern stützen, als verbale, paraverbale und extraverbale Aspekte der Oberflächenstruktur, zu denen u. a. die *Fragetechniken*, *Paraphrase*, *Körpersprache* und der *Blickkontakt* zählen, zwar entsprechend der genannten Reihenfolge mit abnehmender, jedoch mit hinreichend hoher „Objektivität" durch Dritte beurteilt werden können.[234] So lässt sich beispielsweise eindeutig bestimmen, ob ein Kundenberater eine W-Frage verwendet hat oder nicht, sofern bei den Beurteilenden Einstimmigkeit über den Begriff „W-Frage" besteht. Schwieriger fällt dagegen die Beurteilung der Tiefenstruktur aus, die sich auf kognitive, emotionale und aktivierende Elemente bezieht und bewusst oder unterbewusst geschieht.[235] Naturgemäß können unbewusst ablaufende Prozesse nicht durch eine (kritische) Selbsteinschätzung reflektiert werden und liefern in der Folge auch keine differenzierten Ergebnisse in unserem Modell. Offenkundig treten hier die Grenzen der Selbsteinschätzungskompetenz der Teilnehmer zu Tage. Diesem Umstand wurde auch nicht durch den Versuch

234 Vgl. Bartsch, E./Marquart, T. (1999), S. 47

235 Vgl. Bartsch, E./Marquart, T. (1999), S. 48; ebenso Thomann, C./Schulz von Thun, F. (1988), S. 54

Rechnung getragen, eine einheitliche Betrachtung der Items mittels Schulung der Probanden bzw. eines vorher bestimmten Personenkreises als Multiplikatoren zu vermitteln, um die Interpretationsmöglichkeiten der Items zumindest zu reduzieren.

Selbst wenn eine Innensicht durch Selbsteinschätzung der Probanden weitgehend objektiv möglich wäre, muss diese Perspektive nicht zwangsläufig mit derjenigen übereinstimmen, die die Kunden hinsichtlich einer kundenzentrierten Kommunikation haben. Die Gesprächsteilnehmer werden stets eine subjektive Bewertung vornehmen, ob das im Kapitel 3.2 zur Kommunikation quantitative und qualitative Miteinander ausgewogen im Sinne eines symmetrischen Gesprächs beurteilt wird und im Ergebnis zu einem gemeinsamen Verständnis geführt hat.[236] Gleiches gilt bezüglich der von Geißner eingeführten Wesensdefinition der „gemeinsamen Sache“ (vgl. Kapitel 3.2.2).[237] Die Ergebnisse dieser Arbeit sind jedoch lediglich das Resultat einer Innensicht des Kundenberaters. Selbst die Hinzunahme einer dritten Person, z. B. die unmittelbar verantwortliche Vertriebsführungskraft, zur Beurteilung der Kommunikation des Kundenberaters mit dem Kunden könnte eventuell ein Korrektiv zur reinen Selbsteinschätzung darstellen, müsste jedoch auch nicht zwangläufig zum Abbau der zuvor aufgeführten Kritikpunkte führen, insbesondere dann nicht, wenn der relevante Beurteiler, der Kunde, eine andere Wahrnehmung und Interpretation des Gesprächs hatte als der Kundenberater bzw. eine dritte Person. Schließlich betonte bereits Peter Drucker, dass der Kunde maßgeblich zur Beurteilung ist, was er als wert- oder nutzbringend betrachtet. Das mag sich allgemein auf Produkte oder in unserem Fall im Besonderen auf die Kunden-Berater-Kommunikation beziehen (vgl. Kapitel 3.1).[238]

Weiterhin wird mit der vorliegenden Studie der Versuch unternommen, wenige Teilaspekte der Kommunikation zwischen einem Vertriebsmitarbeiter und einem Kunden zu separieren und deren Wirkung auf den Vertriebserfolg zu analysieren. Kommunikation ist jedoch ein komplexes Zusammenwirken aller mit der Kommunikation verbundenen Elemente wie unter anderem das Konzept der Oberflächen- und Tiefenstruktur in Kapitel 3.4 ansatzweise verdeutlicht. Allerdings wäre nur eine Gesamtbetrachtung aller Teilaspekte der Kommunikation und deren Beurteilung durch die Gesprächsteilnehmer geeignet, um Differenzierungen herauszuarbeiten und den Einfluss auf den Vertriebserfolg zu analysieren. Dennoch bliebe auch diese Betrachtung unvollständig, da weitere Aspekte wie

236 Vgl. Bartsch, E./Marquart, T. (1999), S. 15
237 Geißner, H. (1981), S. 45
238 Vgl. Drucker, P. (1954), S. 37

Kleidung, räumliche Umgebung etc. einen positiven oder negativen Einfluss auf den Vertriebserfolg haben können, deren Einbeziehung die Komplexität der Analyse steigern würde.

Die Fragestellung der vorliegenden Arbeit bezieht sich ferner lediglich auf den Zusammenhang zwischen einer kundenzentrierten Kommunikation und dem Vertriebserfolg, das heißt, sie setzt implizit eine Wechselbeziehung voraus. Bei der durchgeführten Analyse bleibt gänzlich unberücksichtigt, ob eine hohe Zielerreichung des Kundenberaters durch andere Kriterien begründet sein könnte z. B. durch das Umfeld, die spezifischen Produkte oder deren Preise sowie die individuelle Motivlage des Kunden (vgl. Kapitel 2.4 Einflussfaktoren des Käuferverhaltens).

Zusammenfassend lässt sich schlussfolgern, dass ein Zusammenhang zwischen einer kundenzentrierten Kommunikation von Kundenberatern im Filialvertrieb von Sparkassen und ihrem Vertriebserfolg nur zu geringen Teilen bestätigt werden konnte.

5.2 Methodische Kritik

Bei der Wahl der verwendeten Methode der quantitativen Onlinebefragung stellt sich die Frage, ob sie geeignet ist, eine Beurteilung der kundenzentrierten Kommunikation durch Selbsteinschätzung der Probanden vorzunehmen. Die Ergebnisse bestätigen einerseits die Wahl des Instruments für den Themenbereich der Gesprächstechnik. Zudem spricht die hohe Anzahl der Probanden in den fünf teilnehmenden Sparkassen für das gewählte Verfahren. Andererseits scheint eine onlinegestützte Befragung ohne einheitliche Beurteilungsstandards und eine Einführung in diese eingeschränkt geeignet zu sein, Aspekte der Tiefenstruktur mit Blick auf eine kundenzentrierte Kommunikation differenziert beurteilen zu lassen. Dies würde ein gemeinsames, objektives und interpretationsfreies Verständnis zur Betrachtung der Tiefenstruktur voraussetzen. Ferner mag der Umfang der Items dazu geführt haben, dass sich einige Probanden lediglich oberflächlich, ohne tiefere Reflektion der eigenen Kommunikation in Kundengesprächen mit den Fragen der Studie beschäftigt haben bzw. diese wie „sozial gewünscht“ beantwortet haben. Weiterhin könnte die Anzahl von 170 Teilnehmern, die die Befragung begonnen und nicht zu Ende geführt haben, zu der Schlussfolgerung führen, dass die von Aeppli et al. genannten Nachteile, z. B.

ein zu großer Umfang an Items, gegen die Verwendung einer schriftlichen Befragung bei der spezifischen Fragestellung dieser Arbeit sprechen.[239]

Darüber hinaus bleibt bei der zu Grunde liegenden Auswahl der Sparkassen unberücksichtigt, wie die Institute im Einzelnen ihre Mitarbeiter über das Zielsystem steuern, welche Zielhöhen sie definiert haben und wie die Zielerreichungsgrade im Vergleich zu den jeweils anderen Sparkassen zu interpretieren sind. Eine Indizierung scheint schon allein deshalb nahezu ausgeschlossen zu sein, da jedes Institut eigene geschäftspolitische Akzente setzt, die in der Ausgestaltung eines hausspezifischen Zielsystems münden. Ein einheitlicher Maßstab zur Beurteilung des Vertriebserfolgs einzelner Mitarbeiter ist sparkassenübergreifend somit nicht gegeben, was die Interpretation der Ergebnisse erschwert und ihre Aussagekraft einschränkt. Folglich scheinen lediglich tendenzielle Interpretationen zulässig.

Obwohl die Kundenberater im Mittelwert über eine 18-jährige Berufserfahrung verfügen und annahmegemäß weitestgehend einheitlich durch Teilnahme an verschiedenen, zentralen Qualifizierungsmaßnahmen innerhalb der Institutsgruppe geschult werden, kann nicht differenziert betrachtet werden, ob in einzelnen Sparkassen ergänzende Maßnahmen initiiert wurden, die eine kundenzentrierte Kommunikation fördern. Dies schränkt zudem die Vergleichbarkeit der Daten ein.

5.3 Ausblick auf künftige Forschung

Für zukünftige Forschungsarbeiten könnte aufbauend auf die Ergebnisse von Interesse sein, ob die in dieser Arbeit herausgestellten Elemente zur Förderung einer kundenzentrierten Kommunikation aus der Kundenperspektive bestätigt werden können. Diese Analyse könnte ebenfalls quantitativ durchgeführt werden. Möglicherweise sind die bereits erarbeiteten Grundlagen zur kooperativen Kommunikation nicht abschließend betrachtet worden, lassen sich nicht in Gänze auf Verkaufsgespräche im Banken- und Sparkassenumfeld übertragen oder unterliegen einem gesellschaftspolitischen Wandel.

In diesem Kontext wäre die Durchführung einer qualitativen Studie z. B. durch Anwendung der Grounded Theory interessant, indem Interviews mit Kunden eines Kreditinstituts geführt werden, um Elemente einer kundenzentrierten Beratung zu identifizieren bzw. die unter anderem in dieser Arbeit herausgestellten Kriterien zu evaluieren und in der Folge Hypothesen zu definieren. Diese wären

239 Vgl. Aeppli, J. et al. (2016), S. 165

in einer weiteren Studie hinsichtlich ihrer Anwendung bzw. Auswirkung auf den Vertriebserfolg zu überprüfen.

Ein weiterer Ansatzpunkt zur Prüfung der Themenstellung dieser Arbeit wäre die Schulung von Vertriebsmitarbeitern. Einer Gruppe werden *Gesprächsverhalten* und *Gesprächstechniken* vermittelt, die eine kundenzentrierte Kommunikation fördern, und eine weitere Gruppe erfährt ein Kommunikationstraining mit den bisherigen Inhalten. Im Zeitablauf wird die Auswirkung der Schulungsinhalte auf die persönliche Zielerreichung der Teilnehmer analysiert, um etwaige Unterschiede herauszuarbeiten.

6 Praktische Implikationen

6.1 Rollenanforderungen und Auswahlverfahren

Zu Beginn dieser Masterarbeit wurden Aspekte für und Eigenschaften von Kundenberatern herausgestellt, die eine kundenzentrierte Kommunikation fördern helfen (vgl. Kapitel 2.3). Hierzu zählen neben der Fähigkeit der nicht-direktiven Kommunikation ebenso die zur *Empathie* bzw. sich in die Situation des Gesprächspartners zu versetzen.[240] Daneben sind die von Bartsch und Marquart aufgeführten Schlüsselqualifikationen kommunikativer Persönlichkeiten von Relevanz.[241] Die Ergebnisse der empirischen Studie konnten jedoch keinen Zusammenhang zwischen den Konstrukten *Rollenanforderung* bzw. *Grundhaltung* auf der einen Seite und dem Vertriebserfolg eines Kundenberaters auf der anderen Seite aufzeigen (vgl. Kapitel 4.7.3.1 und 4.7.3.2).

Dennoch stellt sich, sofern von einem positiven Einfluss auf die kundenzentrierte Kommunikation ausgegangen werden kann, mit Blick auf die zu Beginn der Masterarbeit aufgeführten Aspekte hinsichtlich der *Rollenanforderung* von Kundenberatern die Frage, wie u. a. die genannten Kompetenzen bei potenziellen Mitarbeitern in Auswahlverfahren ermittelt werden können, um eine möglichst gute Passgenauigkeit zwischen den *Rollenanforderungen* eines Kundenberaters und einem zukünftigen Stelleninhaber zu erzielen. Beispielsweise könnten die im Rahmen eines als Assessmentcenter gestalteten Auswahlverfahrens die verschiedenen Übungen, Rollenspiele oder eingespielten Videosequenzen gezielter die genannten Schlüsselkompetenzen zur kundenzentrierten Kommunikation erfassen und diejenigen Persönlichkeitsmerkmale von Kandidaten intensiver in den Mittelpunkt stellen, die eine solche Kommunikation positiv beeinflussen. Das setzt bei der Gestaltung der Verfahren voraus, dass die Kompetenzen und das zugehörige beobachtbare Verhalten klar definiert und die Übungen entsprechend gestaltet werden. Zudem bedarf es einer intensiven Schulung der Beobachter.

---

240 Vgl. Mucchielli, R. (1972), S. 9, 37

241 Vgl. Bartsch, E./Marquart, T. (1999), S. 34 ff.

H.-J. Reichmann, *Vertriebserfolg durch kundenzentrierte Kommunikation*,
BestMasters, https://doi.org/10.1007/978-3-658-25742-2_6

6.2 Weiterbildungen

Die Ergebnisse der empirischen Studie haben gezeigt, dass das Konstrukt der *Gesprächstechnik* einen signifikanten Einfluss auf die *Zielerreichung* von Kundenberatern zeigt (vgl. Kapitel 4.7.3.4). Vergleichbares konnte demgegenüber für das Konstrukt des *Gesprächsverhaltens* nicht nachgewiesen werden (vgl. Kapitel 0). Die inhaltliche Diskussion und Würdigung der Ergebnisse wurde in Kapitel 5.1 vorgenommen. Sollte die Vermutung bestätigt werden können, dass Kommunikationsschulungen insbesondere Verkaufstrainings den Fokus auf die *Gesprächstechniken* legen, ist zu prüfen, wie weitere Elemente kundenzentrierter Kommunikation wie z. B. jene des *Gesprächsverhaltens* in die Weiterbildungen integriert werden können. Die bisherigen Schulungskonzepte wären hierzu einer kritischen Betrachtung zu unterziehen und mögliche Weiterentwicklungen vorzunehmen.

6.3 Kundenzentrierung in der Steuerung

Grundsätzlich kann in Anlehnung an Bruhn zwischen einem institutionellen und personellen Phänomen der Kundenzentrierung unterschieden werden. Während der erste Bereich das Unternehmen erfasst, beschäftigt sich der zweite mit den Fähigkeiten einer bestimmten Person, in unserem Fall eines Kundenberaters, die Anforderungen des Kunden zu erfüllen.[242] Solche personellen Aspekte eines Verkaufsprozesses könnten neben quantitativen Ergebniskennzahlen wie Deckungsbeitrags- oder Volumenkennzahlen ebenso in das Steuerungssystem einer Sparkasse integriert werden, um einem reinen Produktverkauf ohne die in dieser Arbeit aufgezeigten kundenzentrierten Elemente entgegenzuwirken. Ivens/ Leischnig zeigen hierzu Ansatzpunkte auf, wie aus Perspektive des Unternehmens qualitative, zeitliche oder kostenorientierte Kennzahlen des Verkaufsprozesses in eine Balanced Scorecard als Steuerungsinstrument übernommen werden können.[243] Durch ein systematisches Kundenfeedback könnte diese Innensicht um die Kundenperspektive ergänzt werden. Eine Rückmeldung des Kunden sollte sich neben möglichen anderen Aspekten auf die Elemente einer kundenzentrierten Kommunikation beziehen und der Geschäftsleitung einen wichtigen Einblick über die Zufriedenheit der Kunden mit der Beratungsleistung geben, um frühzeitig Fehlentwicklungen zu erkennen und diesen entgegenzuwirken. Ebenso würde die Aufnahme eines strukturierten Kundenfeedbacks in das

242 Vgl. Bruhn, M. (1999), S. 325
243 Vgl. Ivens, B./Leischnig, A. (2016), S. 549 ff

Zielsystem eines Kundenberaters eine fehlgeleitete Honorierung von produktgetriebenen Vertriebserfolgen vermeiden oder reduzieren und eine kundenzentrierte Interaktion würdigen, die im Ergebnis zu einer höheren Kundenloyalität führen kann, wie in Kapitel 3.2.3 dargestellt wurde. Allerdings sind bei der Gestaltung des Zielsystems eine Reihe von Rahmenbedingungen und Faktoren zu berücksichtigen, auf die Homburg, Klarmann & Müller im Kontext der Kundenorientierung hinweisen, auf deren Darstellung an dieser Stelle verzichtet werden muss.[244]

244 Homburg, C./Klarmann, M./Müller, M. (2011), S. 795 - 812

7 Erweiterter Ausblick

Die zunehmende Wettbewerbssituation in der als Nachfragemarkt zu bezeichnenden Bankenbranche, die derzeitige Niedrigzinsphase, die sich vor allem belastend auf solche Kreditinstitute auswirkt, deren Ergebnisbeitrag im Wesentlichen zinsabhängig ist, die virtuellen Produkte und das zunehmend digital verfügbare Produktangebot, das auf steigende Kundenakzeptanz und -nachfrage trifft, beschreiben neben anderen Aspekten die Rahmenbedingungen, die die Weiterentwicklung des Geschäftsmodells der Sparkassen erfordern.

Vor diesem Hintergrund könnten sich zukünftige Forschungsarbeiten mit der Personalauswahl und kommunikativen Weiterbildung der Mitarbeiter befassen, um erfolgskritische Faktoren zu ermitteln, die eine Kundenzentrierung fördern. Da die Ergebnisse der vorliegenden Arbeit zu der Annahme führen, dass bisher durchgeführte Trainingsmaßnahmen den Schwerpunkt eher auf *Gesprächstechniken* als z. B. auf *Gesprächsverhalten* legen, könnte die Forschung den Blick darauf richten, ob ein erweitertes Schulungsprogramm, das für einen Teil von Kundenberatern durchgeführt wird, im Zeitablauf zu differenzierten und nachweisbaren Effekten im Vergleich zu einer nicht geschulten Gruppe führt.

Weiterhin machen die Ausführungen zu den Rahmenbedingungen eine vertriebskanalangepasste Kommunikation der Kundenberater erforderlich, mit denen sich künftige Forschungsprojekte befassen könnten, um die persönliche Kommunikation als ein Kernelement des Geschäftsmodells der Sparkassen mediennadäquat weiterzuentwickeln.[245]

---

245 Vertriebskanäle können neben der Filiale auch die Telefon- und Videoberatung, Chat per Computer o. ä. sein.

H.-J. Reichmann, *Vertriebserfolg durch kundenzentrierte Kommunikation*,
BestMasters, https://doi.org/10.1007/978-3-658-25742-2_7

Literaturverzeichnis

Aeppli, Jürg u. a./Empirisches wissenschaftliches Arbeiten. Ein Studienbuch für die Bildungswissenschaften, 4. Aufl., Bad Heilbrunn: Verlag Julius Klinkhardt, 2016

Albers, Sönke et al. (Hrsg.): Methodik der empirischen Forschung, Wiesbaden: Gabler Verlag, 2009

Allhoff, Dieter-W./Allhoff, Waltraud, Rhetorik & Kommunikation. Ein Lehr- und Übungsbuch, München Basel: Ernst Reinhardt, 2010

Backhaus, Klaus et al./Multivariate Analysemethoden: Eine anwendungsorientierte Einführung, Heidelberg: Springer-Verlag, 2015

Bänsch, Axel, Verkaufspsychologie und Verkaufstechnik, München: Oldenbourg Wissenschaftsverlag GmbH, 2013

Barclay, Donald/Higgins, Christopher/Thomson, Ronald, The Partial Least Squares (pls) Approach to Casual Modeling: Personal Computer Adoption And Use as an Illustration. 1995

Bartsch, Elmar/Marquart, Tobias: Grundwissen Kommunikation – Ausgangsfragen, Schlüsselthemen, Praxisfelder, Stuttgart: Ernst Klett Verlag GmbH, 1999

Bartsch, Elmar, „Grundlinien einer Kooperativen Rhetorik“, in: *Hellmut Geißner* (Hrsg.): Sprache und Sprechen. Ermunterung zur Freiheit. Rhetorik und Erwachsenenbildung, Frankfurt am Main: Cornelsen Verlag, 1990, S. 37 - 50

Bauer, Michael, Controllership in Deutschland – Zur erfolgreichen Zusammenarbeit von Controllern und Managern, Wiesbaden: Dt. Univ. Verlag, 2002

Berne, Eric, Spiele der Erwachsenen – Psychologie der menschlichen Beziehungen, 15. Aufl., Reinbek bei Hamburg: Rowohlt Taschenbuch Verlag, 2014

Beth, Hanno/Pross, Harry, Einführung in die Kommunikationswissenschaft, Stuttgart: Verlag W. Kohlhammer, 1976

Bliemel, Friedhelm et al./Handbuch PLS-Pfadmodellierung – Methode, Anwendung, Praxisbeispiele, Stuttgart, 2005

Bollen, Kenneth/Stine, Robert „Bootstrapping goodness-of-fit measures in structural equation models“, in: Sociological Methods & Research, Vol. 21, No. 2, 1992, S. 205–229

Bornscheuer, Lothar „Zehn Thesen zur Ambivalenz der Rhetorik und zum Spannungsgefüge des Topos-Begriffs“, in: *Heinrich F. Plett* (Hrsg.): Rhetorik, München: Wilhelm Fink Verlag, 1977, S. 204 – 212

Boßow-Thies, Silvia/Panten, Gregor „Analyse kausaler Wirkungszusammenhänge mit Hilfe von Partial Least Squares (PLS)“, in: *Sönke Albers et al.* (Hrsg.): Methodik der empirischen Forschung, Wiesbaden: Gabler Verlag, 2009, S. 365-380

H.-J. Reichmann, *Vertriebserfolg durch kundenzentrierte Kommunikation*,
BestMasters, https://doi.org/10.1007/978-3-658-25742-2

Bruhn, Manfred, Kundenorientierung, 1. Aufl., München: C. H. Beck, 1999

Bruhn, Manfred/Hadwich, Karsten/Frommeyer, Kerstin „Kommunikationsqualität in Kundeninteraktionen – Bestandsaufnahmen, Operationalisierung und empirische Befunde im Private Banking", in: Kredit und Kapital, 43. Jahrgang, Heft 1, 2010, S. 3-37

Bruhn, Manfred/Esch, Franz-Rudolf/Langer, Tobias (Hrsg.): Handbuch Controlling der Kommunikation, 2. Aufl., Wiesbaden, Springer Fachmedien, 2016

Brunner, Andrea/Wagner, Roland W./Voigt-Zimmermann, Susanne (Hrsg): Hören, lesen, sprechen, München: Ernst Reinhardt, GmbH & Co KG, 2006

Buber, Martin, Das dialogische Prinzip: Ich und du. Zwiesprache. Die Frage an den Einzelnen. Elemente des Zwischenmenschlichen. Zur Geschichte des dialogischen Prinzips. Heidelberg: Verlag Lambert Schneider GmbH, 1973

Chin, Wynne „The Partial Least Squares Approach to Structural Equation Modeling", in: *George A. Marcoulides* (Hrsg.): Modern Business Research Methods, New Jersey, 1998, S. 295-336

Cohen, Jacob, Statistical Power Analysis for the Behavioral Sciences, 2nd edition, Hillsdale, 1988

David, F. (Hrsg.), Research Papers in Statistics, New York, 1966

Deutsche Bundesbank, Bankenstatistik, Januar 2017, Statistisches Beiheft 1 zum Monatsbericht, Frankfurt a. M.

Deese, James, „Behavior and Fact.", in: American Psychologist, 1969, 24(5), S. 515-522

Diamantopoulos, Adamantions/Winklhofer, Heidi „Index Construction with Formative Indicators – An Alternative to Scale Development", in: Journal of Marketing Research, Vol. 38, No. 2, 2001, S. 269-277

Dohmen, Anne/Moormann, Jürgen, „Kundenzentrierung in der Finanzbranche – Ansätze und Perspektiven", in: Marketing Review St. Gallen, 2011, S. 26 – 32

Drucker, Peter, The Practice of Management, New York: Harper & Brothers Publishers, 1954

Eggert, Andreas/Fassott, Georg, „Zur Verwendung normativer und reflektiver Indikatoren", in: Strukturgleichungsmodellen. Ergebnisse einer Meta-Analyse und Anwendungsempfehlungen, Kaiserslauterer Schriftenreihe Marketing, 2003, Nr. 20

Fiehler, Reinhard, „Kommunikation, Information und Sprache. Alltagsweltliche und wissenschaftliche Konzeptualisierungen und der Kampf um die Begriffe", in: Rüdiger Weingarten (Hrsg.): Information ohne Kommunikation? Die Loslösung der Sprache vom Sprecher, Frankfurt am Main: Fischer, 1990, S. 98 – 128

Field, Andy, Discovering statistics using IBM SPSS statistics. Sage, 2013

Geisser, Seymour, „A Predictive approach to the random effect model", in: Biometrika, Vol. 61, No. 1, 1974, S. 101-107

Geißner, Hellmut, „Rhetorische Kommunikation“, in: *Hellmut Geißner* (Hrsg.) Sprache und Sprechen. Tonträger und sprachliche Kommunikation, Wuppertal: Henn, 1969, S. 70-82

Hellmut Geißner (Hrsg.) Sprache und Sprechen. Tonträger und sprachliche Kommunikation, Wuppertal: Henn, 1969

Hellmut Geißner (Hrsg.): Sprache und Sprechen. Ermunterung zur Freiheit. Rhetorik und Erwachsenenbildung, Frankfurt am Main: Cornelsen Verlag, 1990

Gheorghiu, Vladimir A., Untersuchungen zur hypnotischen Amnesie und Hypermnesie, Mainz: Univ. Diss., 1969

Goldmann, Heinz M., Wie man Kunden gewinnt, 10. Aufl., Essen: W. Girardet Buchverlag GmbH, 1982

Grießbach, Thomas/Lepschy, Annette, Rhetorik der Rede, St. Ingberg: Röhrig Universitätsverlag GmbH, 2015

Gutenberg, Norbert, „Argumentation und dialektische Logik“, in: *Hellmut Geißner* (Hrsg.): Sprache und Sprechen. Ermunterung zur Freiheit. Rhetorik und Erwachsenenbildung, Frankfurt am Main: Cornelsen Verlag, 1990, S. 125 – 134

Hair, Josef F. et al./Partial Least Squares Strukturgleichungsmodellierung, München: Verlag Franz Vahlen GmbH, 2017

Harris, Thomas A., Ich bin o.k. Du bist o.k. Wie wir uns selbst besser verstehen und unsere Einstellung zu anderen verändern können – Eine Einführung in die Transaktionsanalyse, 48. Aufl., Reinbek bei Hamburg: Rowohlt Taschenbuch Verlag, 2014

Heilmann, Christa M./Lepschy, Annette (Hrsg.): Rhetorische Prozesse – Vom Konzept zur Handlung, München: Ernst Reinhardt GmbH & Co KG, 2008

Heilmann, Christa M. „Argumentation – Zurückweisung“, in: *Hellmut Geißner* (Hrsg.): Sprache und Sprechen. Ermunterung zur Freiheit. Rhetorik und Erwachsenenbildung, Frankfurt am Main: Cornelsen Verlag, 1990, S. 143 - 154

Henseler, Jörg, Einführung in die PLS-Pfadmodellierung. Wirtschaftswissen-schaftliches Studium 34 (2), 2005, 70–75

Herrmann, Markus et al./Schlüsselkompetenz Argumentation, Paderborn: Ferdinand Schöningh, 2011

Homburg, Christian/Klarmann, Martin/Müller, Michael, „When does salespeople´s customer orientation lead to customer loyalty? The differential effects of relational and functional customer orientation“, in: J. of the Acad. Mark. Sci (2011) 39, S. 795 - 812

Hörmann, Hans, Meinen und Verstehen, Frankfurt am Main: Suhrkamp, 1976

Imhof, Margarete, Zuhören und Instruktion, Münster: Waxmann, 2004

Ivens, Björn/Leischnig, Alexander, „Verkaufscontrolling: Analyse der Wirkungen der persönlichen Kommunikation, in: *Manfred Bruhn, Franz- Rudolf Esch, Tobias Langner* (Hrsg.): Handbuch Controlling der Kommunikation, 2. Aufl., Wiesbaden, Springer Fachmedien, 2016, S. 539 – 545

*Jöreskog, Karl Gustav/Wold, Herman (*Hrsg.): Systems under Indirect Observation. Causality, Structure, Prediction. Part I, Amsterdam, New York, Oxford 1982

Kaiser-Belz, Manuela/Truschat, Inga/Volkmann, Vera „Theoretisches Sampling in Qualifikationsarbeiten – Die Grounded-Theory-Methodologie zwischen Programmatik und Forschungspraxis“, in: *Günter Mey/Katja Mruck* (Hrsg.): Grounded Theory Reader, 2. Auflage, Wiesbaden: Springer Fachmedien, 2011, S. 353 - 379

Kallus, Wolfgang, Erstellung von Fragebogen, 2. Aufl., Wien: Facultas Verlags- und Buchhandels AG, 2016

Krafft, Manfred/Götz, Oliver/Liehr-Gobbers, Kerstin, „Die Validierung von Strukturgleichungsmodellen mit Hilfe des Partial-Least-Squares (PLS)-Ansatz“, in: *Friedhelm Bliemel et al.*: Handbuch PLS-Pfadmodellierung – Methode, Anwendung, Praxisbeispiele, Stuttgart, 2005, S. 71-116

Kraft, Hans, Rhetorik und Gesprächsführung, Stuttgart: W. Kohlhammer GmbH, 2016

Kienpointer, Manfred, Argumentationsanalyse, Innsbruck: Buch- und Offsetdruckerei G. Grasl, 1983

Lohmöller, Jan-Bernd, Latent Variable Path Modeling with Partial Least Squares, Heidelberg: Springer, 1989

Maas, Utz/ Wunderlich, Dieter, Pragmatik und sprachliches Handeln, Frankfurt a. M.: Athenäum Verlag GmbH, 1972

Marcoulides, George A. (Hrsg.): Modern Business Research Methods, New Jersey, 1998

Meffert, Heribert/Burmann, Christoph/Kirchgeorg, Manfred, Marketing – Grundlagen marktorientierter Unternehmensführung, Wiesbaden: Gabler Verlag, 2012

Mey, Günter/Mruck, Katja, „Grounded-Theorie-Methodology. Entwicklung, Stand, Perspektiven“, in: *Günter Mey/Katja Mruck* (Hrsg.): Grounded Theory Reader, 2. Aufl., Wiesbaden: Springer Fachmedien, 2011, S. 11 – 52

Mey, Günter/Mruck, Katja (Hrsg.): Grounded Theory Reader, 2. Aufl., Wiesbaden: Springer Fachmedien, 2011

Meyer, Anton/Schwaiger, Manfred (Hrsg.): Theorien und Methoden der Betriebswirtschaft, München: Verlag Franz Vahlen GmbH, 2009

Mucchielli, Roger, Das nicht-direktive Beratungsgespräch, Salzburg: Otto Müller Verlag, 1972

Naumann, Carl-Ludwig „Visualisierung als Element der Rhetorik“, in: *Hellmut Geißner* (Hrsg.): Sprache und Sprechen. Ermunterung zur Freiheit. Rhetorik und Erwachsenenbildung, Frankfurt am Main: Cornelsen, 1990, S. 211 – 231

Nitzl, Christian, Eine anwenderorientierte Einführung in die partial least square (PLS)-Methode, Universität Hamburg, Institut für Industrielles Management, Hamburg, 2010

Ottmers, Clemens, Rhetorik, Stuttgart: Carl Ernst Poeschel Verlag GmbH, 2007

Pabst-Weinschenk, Marita (Hrsg.): Grundlagen der Sprecherziehung, München: Ernst Reinhardt, 2011

Pabst-Weinschenk, Marita, „Basics Kooperativer Rhetorik im Studium“, in: *Christa M. Heilmann/Annette Lepschy* (Hrsg.): Rhetorische Prozesse – Vom Konzept zur Handlung, München: Ernst Reinhardt GmbH & Co KG, 2008, S. 9 – 18

Patrzek, Andreas, Fragekompetenz für Führungskräfte – Handbuch für wirksame Gespräche, Wiesbaden: Springer Gabler Edition Rosenberger, 2015

Pawlowski, Klaus, Konstruktiv Gespräche führen, München: Ernst Reinhardt Verlag, 2005

Pawlowski, Klaus, „Topos und Wahrnehmungssteuerung“, in: *Hellmut Geißner* (Hrsg.): Sprache und Sprechen. Ermunterung zur Freiheit. Rhetorik und Erwachsenenbildung, Frankfurt am Main: Cornelsen Verlag, 1990, S. 253 – 266

Pfersich, Kai, Neustart Bankberatung – Mit Apps zur Performance im Kundendialog, Köln: Bank-Verlag Medien GmbH, 2011

Plett, Heinrich F. (Hrsg.): Rhetorik, München: Wilhelm Fink Verlag, 1977

Reisenbichler, Ignaz, Verkaufen in der Bank, Wien: Service Fachverlag an der Wirtschaftsuniversität Wien, 1986

Rogers, Carl R., Die nicht-direktive Beratung, Frankfurt a. M.: Fischer, 2007

Riedel, Harald, „Informationspsychologische Grundlagen (der Rhetorik)“, in: *Hellmut Geißner* (Hrsg.): Sprache und Sprechen. Tonträger und sprachliche Kommunikation, Wuppertal: Henn, 1969, S. 82 – 97

Ringle, Christian/Spreen, Florentine, „Beurteilung der Ergebnisse von PLS-Pfadanalysen“, in: Das Wirtschaftsstudium, 36. Jg., H. 2, 2007, S. 211-216

Schneider, Detlef W./Rechtien, Wolfgang, Die Macht des Arguments – Sicher auftreten, klar formulieren, mit Überzeugung gewinnen, Wiesbaden: Betriebswirtschaftlicher Verlag Dr. Th. Gabler GmbH, 1991

Schloderer, Matthias P./Ringle, Christian M./Sarstedt, Marko, „Einführung in die varianzbasierte Strukturgleichungsmodellierung. Grundlagen, Modellevaluation und Interaktionseffekte am Beispiel von SmartPLS.", in: *Anton Meyer/Manfred Schwaiger* (Hrsg.): Theorien und Methoden der Betriebswirtschaft, München: Verlag Franz Vahlen GmbH, 2009, S. 564 - 592

Schumacher, Oliver, Verkaufen auf Augenhöhe, 2. Aufl., Wiesbaden: Springer Gabler, 2013

Senge, Peter M., Die 5. Disziplin – Kunst und Praxis der lernenden Organisation, 11. Aufl., Stuttgart: Schäfer-Pöschel Verlag, 2011

Spiegel, Carmen „Heißt Kommunizieren etwa auch Zuhören?“, in: *Andrea Brunner/ Roland W. Wagner/Susanne Voigt Zimmermann* (Hrsg.): Hören, lesen, sprechen, München: Ernst Reinhardt, GmbH & Co KG, 2006, S. 153 – 161

Stone, Mervyn, „Cross-valedictory choice and assessment of statistical predictions“, in: Journal of the Royal Statistical Society, Series B, Vol. 36, No. 2, 1974 S. 111-147

Thomann, Christoph/Schulz von Thun, Friedemann, Klärungshilfe – Handbuch für Therapeuten, Gesprächshelfer und Moderatoren in schwierigen Gesprächen, Reinbek bei Hamburg: Rowohlt Taschenbuchverlag GmbH, 1988

Trommsdorff, Volker/Teichert, Thorsten, Konsumentenverhalten, 8. Aufl., Stuttgart: Kohlhammer GmbH, 2011

Watzlawick, Paul/Beavin, Janet H./Jackson, Don D.: Menschliche Kommunikation, 12. Aufl., Bern: Hogrefe, vorm. Verlag Hans Huber, 2011

Weiber, Rolf/Mühlhaus, Daniel, Strukturgleichungsmodellierung: Eine anwendungsorientierte Einführung in die Kausalanalyse mit Hilfe von AMOS, SmartPLS und SPSS, Berlin et al.: Springer Gabler Verlag, 2010

Weingarten, Rüdiger (Hrsg.): Information ohne Kommunikation? Die Loslösung der Sprache vom Sprecher, Frankfurt am Main: Fischer, 1990

Wold, Herman, „Nonlinear estimation by partial least squares procedures“, in: F. David (Hrsg.): Research Papers in Statistics, New York, 1966, S. 411–444

Wold, Herman, „Soft Modeling. The Basic Design and Some Extensions“, in: *Karl Gustav Jöreskog, Herman Wold (*Hrsg.): Systems under Indirect Observation. Causality, Structure, Prediction. Part I, Amsterdam, New York, Oxford 1982, S. 1 - 54

Quellenverzeichnis

Deutscher Sparkassen- und Giroverband, Marktstrategie/Vertriebsmanagement – Vertriebsintensivierung Filialgeschäft, (Umsetzungspaket 2: Effiziente Prozesse und Rahmenbedingungen, 2007, S. 6

Deutscher Sparkassen- und Giroverband, Vertriebsstrategie der Zukunft, Segmentierung, Zielgruppen und Betreuungsrelationen - Projektdokumentation Version 1.1, 2017, S. 13-15

Sparkassengesetz Nordrhein-Westfalen in der Fassung vom 18.11.2008

H.-J. Reichmann, *Vertriebserfolg durch kundenzentrierte Kommunikation*,
BestMasters, https://doi.org/10.1007/978-3-658-25742-2

Anhang

Anhang A: DSGV-Privatkundensegmentierung[alt]

Kundensegment	Anzahl Personen	Alter in Jahren	Einkommen p. M. in Euro	Vermögen in Euro
Private Banking	Eine Zuordnung zu dem Segment Private Banking erfolgt dann, wenn eines der Kriterien (Einkommen bzw. Vermögen) der Obergrenze für die Zuordnung zum Individualkundensegment überschritten wird (im Alterssegment ≥65 Jahre Einkommen ≥12.500 Euro bzw. Vermögen ≥400.000 Euro).			
Individualkunden	1	≥ 65	3.000	≥ 100.000
	≥ 2	≥ 65	4.000	≥ 100.000
	1	46-64	3.000	≥ 70.000
	≥ 2	46-64	4.000	≥ 70.000
	1	31-45	2.500	≥ 50.000
	≥ 2	31-45	3.500	≥ 50.000
	1	18-30	2.000	≥ 30.000
	≥ 2	18-30	3.000	≥ 30.000
Privatkunden	Eine Zuordnung zu dem Segment der Privatkunden erfolgt dann, wenn beide Kriterien (Einkommen bzw. Vermögen) als Einstiegskriterien für die Zuordnung zum Individualkundensegment unterschritten werden.			

Quelle: Deutscher Sparkassen- und Giroverband (2007), Marktstrategie/Vertriebsmanagement – Vertriebsintensivierung Filialgeschäft, (Umsetzungspaket 2: Effiziente Prozesse und Rahmenbedingungen, S. 6).

H.-J. Reichmann, *Vertriebserfolg durch kundenzentrierte Kommunikation*,
BestMasters, https://doi.org/10.1007/978-3-658-25742-2

Anhang B: DSGV-Privatkundensegmentierung[neu]

Kundensegment	Sparfähigkeit p. M. in Euro	Vermögen in Euro	Laufende Baufinanzierung p. M. in Euro	Student
Private Banking	Eine Zuordnung zu dem Segment Private Banking erfolgt dann, wenn das Kriterium Vermögen die Obergrenze für Individualkunden überschreitet (Vermögen ≥ 500.000 Euro) oder das Haushaltsnettoeinkommen (HHNE) die in Abhän-gigkeit vom Alter dynamisch definierten Grenzen (HHNE ≥ 6.000 Euro p. M.) überschreitet.			
Individualkunden	≥ 250	≥ 30.000	≥ 250	≤ 27 Jahre
Privatkunden	Eine Zuordnung zu dem Segment Privatkunden erfolgt dann, wenn keines der Positivkriterien (Sparfähigkeit, Vermögen, laufende Baufinanzierung und Student) für die Zuordnung zum Individualkundensegment erfüllt wird.			

Quelle: Deutscher Sparkassen- und Giroverband (2017), Vertriebsstrategie der Zukunft, (Segmentierung, Zielgruppen und Betreuungsrelationen – Projektdokumentation Version 1.1, S. 13-15).

Anhang C: Kommnikationsmodell nach Geißner (1969)

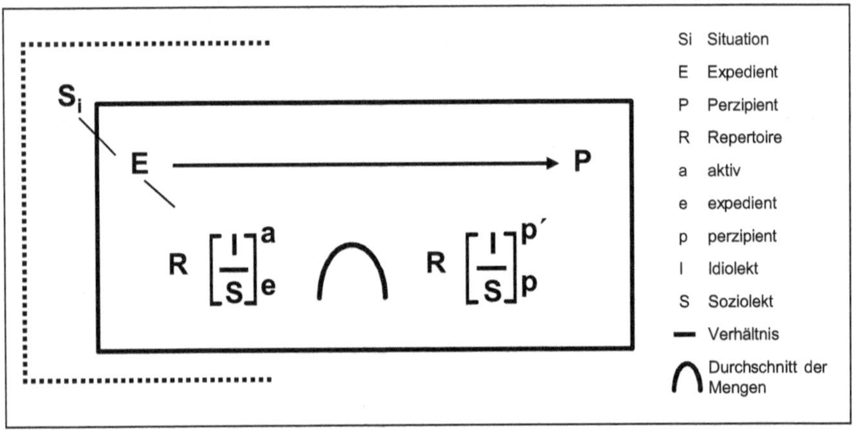

Anhang D: Tabelle zur Oberflächenstruktur nach Bartsch und Marquart (1999)

optisch = Körpersprache (extraverbal)	■ Blickkontakt ■ Mimik ■ Gestik ■ Haltung ■ Kleidung ■ Umgang mit Hilfsmitteln (Papier, Demonstrationshilfen)
2. akustisch = Sprechsprache (paraverbal)	■ Aussprache (Artikulation) ■ Satzmelodie (Intonation) ■ Lautstärkewechsel (Dynamik) ■ Tempo/Pausen/Sprechfluss ■ Klangfarbe/Stimme/Atmung
3. sprachlich = Sprachnorm der Gemeinschaft, sozialer Code (verbal)	■ Sprachebene: (Dialekt, Slang, Fachsprache, Ironie) ■ Wortwahl (ich-man, Nominalstil) ■ Floskeln („nö", „eigentlich", „mega") ■ Satzbau (kurz, lang, kompliziert) ■ Modus (behauptend, befehlend, einladend, passivisch, persönlich) ■ Sprecheroperationen (vgl. S. 50) ■ Allgemeinplätze, Klischees (vgl. S. 33)

Anhang E: Tabelle zur Tiefenstruktur nach Bartsch und Marquart (1999)

1. kognitive Struktur = Erkenntnishilfen	■ Themenbezug der Inhalte ■ Zusammenhang (roter Faden) ■ Deutliche Unterscheidung von Problem und Lösungsansätzen ■ Problem-Weite bzw. –Enge ■ Gliederungshilfen für Hörer
2. emotionale Struktur = Hilfen für Personen-bezug	■ Signale für Partnerbezug ■ Eigene Position und Flexibilität ■ Gefühle bei Konsens/Dissens ■ Bilder/Beispiele
3. aktivierende Struktur	■ Signale für Machtwillen: „es ist", „ich werde"; gehäufte Sprecheroperationen einer Art ■ Einladungen zur Kooperation Vorschläge („wir könnten"); Rückfragen u. a. um Kritik, Wünsche ■ Neues, kreative Ideen, Ziele, Visionen ■ Argumente

Anhang F: Fragebogen

Willkommensnachricht

Herzlich Willkommen zur sparkasseninternen Umfrage zum Thema Kundenzentrierung. Da dem Projekt eine hohe Bedeutung für die Weiterentwicklung der vertrieblichen Ausrichtung der Kundenberatung der Sparkassen zukommt, bitten wir Sie, den beiliegenden Fragebogen zu beantworten. Das Ausfüllen nimmt maximal 20 Minuten Ihrer Zeit in Anspruch. Mit der Beantwortung des Fragebogens leisten Sie einen wichtigen Beitrag für die wissenschaftliche Arbeit im Bereich der kundenzentrierten Kommunikation.

Im Folgenden sind für Sie Informationen der Studie „Besteht ein Zusammenhang zwischen kundenzentrierter Kommunikation von Kundenberatern im Filialvertrieb von Sparkassen und ihrem Vertriebserfolg – Darstellung und empirische Analyse" aufgeführt.

1 Einführung, Überblick über das Forschungsvorhaben

Die empirische Befragung erfolgt im Rahmen einer Masterarbeit mit obigem Thema zur Erlangung des akademischen Grades Master of Arts in Speech Communication and Rhetoric an der Universität Regensburg, Zentrum für Sprache und Kommunikation, Mündliche Kommunikation und Sprecherziehung, M.A. Speech Communication and Rhetoric. Inhaltlich befasst sich die Abschlussarbeit mit der persönlichen Kommunikation zwischen Kunden und Kundenberatern in Beratungsgesprächen im Filialvertrieb von Sparkassen sowie deren potenzieller Implikation hinsichtlich des Vertriebserfolgs.

2 Zweck der Forschung, Warum ist die Fragestellung der Studie relevant?, Hinweis auf erhoffte Resultate

Der persönlichen Beratung kommt im Vertrieb von Regionalbanken und damit auch Sparkassen eine herausragende Bedeutung zu, da sie das wettbewerbsdifferenzierte Qualitätsmerkmal dieser Institutsgruppe darstellt. Mit der Fragestellung und deren empirischer Analyse werden Erkenntnisse über kundenzentrierte Kommunikation zwischen Kunden und Sparkassenberater im Filialvertrieb sowie ein möglicher Zusammenhang auf den vertrieblichen Erfolg erhofft, da sich die bisherige Forschung mit dieser konkreten Fragestellung nach Auffassung des Autors noch nicht bzw. nicht hinreichend befasst hat. Zwar gibt es Studien, die die Kommunikationsqualität und Wirkung auf Vertrauen bzw. Kundenzufriedenheit und in deren Folge die Kundenloyalität zum Beispiel im Privatbanking von Großbanken untersuchen, doch werden bei diesen Studien Kunden des genannten Beratungssegmentes befragt und keine Aussage über den Erfolg der Kommunikation getroffen.

Auf Basis der Erkenntnisse der vorliegenden Befragungen soll die aktuelle Herangehensweise reflektiert werden, um die persönliche Beratung im Filialvertrieb der Sparkassen möglicherweise weiterzuentwickeln. Hierzu sollen unter anderem die Weiterbildungsangebote, die sich auf die kommunikative Gestaltung von Beratungssituationen beziehen, inhaltlich überprüft und gegebenenfalls angepasst werden, um das persönliche Gespräch zwischen Kunden und Sparkassenberater als ein Kernelement des Geschäftsmodells Sparkassen qualitativ zu verbessern und zukunftsfest auszurichten.

3 Stand der Forschung

Wie bereits aufgeführt, ist die konkrete Fragestellung in der Forschung bisher nur ansatzweise betrachtet worden.

4 Warum werden die Probanden um eine Teilnahme an der Studie gebeten?

Die angesprochenen Probanden arbeiten als Kundenberater/-innen im Filialvertrieb einer Sparkasse und repräsentieren somit die Zielgruppe des Themas der Forschungsarbeit und leisten mit Ihrer Teilnahme einen wichtigen Beitrag zur Fortentwicklung des Sparkassenmodells.

5 Wie wird die Teilnahme an der Forschung aussehen (Art, Ort, Dauer, Aufzeichnung, Anonymisierung...)?

Die Teilnahme erfolgt mittels eines Onlinefragebogens. Die Probanden erhalten einen Link. Die Beantwortung der Fragen kann an jedem Ort mit Internetzugang erfolgen. Der Zeitumfang zur Beantwortung der Fragen umfasst ca. 20 Minuten. Die Anonymisierung der Teilnahme und der Daten wird durch Dr. Christian Soost, Statistik.Schule, Auf dem Mühlengraben 12, 57076 Siegen gewährleistet, der auch bei der Entwicklung dieses Fragebogens mitgewirkt hat. Zudem wurde der/die Personalratsvorsitzende der Sparkasse gebeten, diese Funktion des Ansprechpartners bei Fragen zu übernehmen. Die Daten werden anonymisiert zum Zwecke der Dokumentation der Masterarbeit mindestens an der Universität Regensburg hinterlegt und die Onlinedaten auf den Servern der Universität Siegen, Fakultät III, Statistik und Ökonometrie gespeichert. Auf Grund der Teilnahme von Mitarbeiterinnen/Mitarbeitern verschiedener Sparkassen, der erhofften Datenmenge und der Anonymisierung der Teilnehmerdaten ist sichergestellt, dass einen Rückschluss auf einzelne Personen ausgeschlossen ist.

6 Mögliche Risiken, Probleme

Die vorliegende Studie erfolgt im Rahmen des Abschlusses des oben genannten Studiengangs mit dem Ziel des Erlangens des akademischen Grades Master of Arts in Speech Communication and Rhetoric an der Universität Regensburg. Ein Rückschluss auf einzelne Teilnehmerinnen/Teilnehmer ist weder direkt noch indirekt beabsichtigt oder gewünscht. Dies wird durch die anonyme Teilnahme an der Befragung, der Anonymisierung der Daten, der gewünschten Fallzahl der Probanden sowie Einbindung des Personalratsvorsitzenden als neutrale Stelle sichergestellt. Sollte die Beantwortung der Fragen zu Unklarheiten oder die Teilnahme zu sonstigen Problemen führen, steht der Personalratsvorsitzende als direkter Ansprechpartner zur Verfügung, der die Fragen anonymisiert zwecks Beantwortung an den Verfasser weiterleitet.

7 Welche Rechte haben die Probanden (Freiwilligkeit; das Recht, Informationen zurückzuhalten, die Teilnahme abzubrechen...)?

Die Teilnahme an der Studie ist freiwillig. Die Beantwortung der Fragen dient ausschließlich wissenschaftlichen Zwecken. Die Probanden haben jederzeit die Möglichkeit, ohne Angabe von Gründen die Teilnahme zu beenden. Aus einer Teilnahme bzw. Nichtteilnahme ergeben sich keinerlei Nachteile. Zudem wird sichergestellt, dass nicht nachvollzogen werden kann, wer an der Studie teilgenommen bzw. nicht teilgenommen hat.

8 Was geschieht mit den Informationen, die die Probanden geben (Weiterverwertung der Daten, Veröffentlichung, Anonymisierung...)?

Die Daten werden durch Dr. Christian Soost, Geschäftsführer der „statistik. schule", sowie Mitarbeiter an der Universität Siegen, Fakultät III, Statistik und Ökonometrie, Kohlbettstr. 15, 57072 Siegen ausgewertet und für die Studie aufbereitet. Der Fragebogen wurde ebenfalls unter fachlicher Beratung von Dr. Christian Soost erarbeitet. Die Daten werden von Dr. Soost auf dem Server der Universität Siegen, Fakultät III, Statistik und Ökonometrie aufbewahrt und gesichert.

Die gesetzlichen Datenschutzvorschriften werden durch Dr. Soost und die Uni Siegen eingehalten und sichergestellt.

Die im Rahmen der Studie gewonnenen Erkenntnisse werden anonymisiert im Rahmen der Masterarbeit mit Blick auf die Fragestellung diskutiert und zur Begutachtung und Bewertung an die Gutachter der Universität Regensburg weitergegeben. Eine Verwendung der anonymisierten und verdichteten Daten kann im Rahmen von Präsentationen oder sonstigen Publikation erfolgen. Dabei wird, wie im wissenschaftlichen Kontext üblich, die Anonymisierung der Daten sichergestellt.

9 Hinweis auf Möglichkeiten der Einsichtnahme in Resultate der Studie

Auf Anfrage erhalten die Teilnehmer eine Zusammenfassung der Studie als PDF-Exemplar durch die/den Personalratsvorsitzenden. Die Probanden sichern in diesem Zusammenhang zu, die Zusammenfassung und Erkenntnisse der Studie nicht ohne die Zustimmung des Verfassers an Dritte weiterzugeben oder für eigene Zwecke zu gebrauchen.

Bitte wählen Sie nur eine der folgenden Antworten aus:

- ○ Ich habe die Informationen gelesen und verstanden und möchte mit der Umfrage beginnen.
- ○ Ich möchte die Umfrage nicht durchführen.

Hörverstehen

Bitte beantworten Sie die folgenden Fragen.

Bitte wählen Sie die zutreffende Antwort für jeden Punkt aus:

	trifft überhaupt nicht zu	trifft eher nicht zu	weder noch	trifft eher zu	trifft voll und ganz zu
Einzelne Aspekte, die mir besonders wichtig sind, wiederhole ich immer wieder, damit der Kunde sie auch versteht.	○	○	○	○	○
Bei Kindern oder älteren Kunden rede ich gezielt langsamer.	○	○	○	○	○
Bei jüngeren Kunden kann ich durchaus schneller reden.	○	○	○	○	○
Bei Kindern oder älteren Kunden mache ich bewusst kürzere Sätze.	○	○	○	○	○
Jüngere Kunden verstehen auch kompliziertere Sätze von mir.	○	○	○	○	○
Bei älteren Kunden, konzentriere ich mich auf die wesentlichen Vor- und Nachteile des Produktes.	○	○	○	○	○

Zuhören

Bitte beantworten Sie die folgenden Fragen.

Bitte wählen Sie die zutreffende Antwort für jeden Punkt aus:

	trifft überhaupt nicht zu	trifft eher nicht zu	weder noch	trifft eher zu	trifft voll und ganz zu
Ich nicke regelmäßig, wenn der Kunde zu mir spricht, um zu zeigen, dass ich ihm zuhöre.	○	○	○	○	○
Ich halte Blickkontakt zum Kunden, wenn er mit mir spricht, um zu zeigen, dass ich ihm zuhöre.	○	○	○	○	○
Ich wende mich dem Kunden mit meinem Oberkörper und Kopf zu, wenn er mit mir spricht, um zu zeigen, dass ich ihm zuhöre.	○	○	○	○	○
Wenn der Kunde spricht, mache ich Äußerungen wie " Ah-ja, ... Aha.. , mmmh ,... interessant ... " etc., um ihm zu zeigen, dass ich ihm zuhöre.	○	○	○	○	○
Wenn der Kunde spricht, führe ich einzelne Sätze fort, damit er erkennt, dass ich seine Gedanken nachvollziehen kann.	○	○	○	○	○

Fragetechnik

Bitte beantworten Sie die folgenden Fragen.

Bitte wählen Sie die zutreffende Antwort für jeden Punkt aus:

	trifft überhaupt nicht zu	trifft eher nicht zu	weder noch	trifft eher zu	trifft voll und ganz zu
Wenn ich den Kunden begrüße, bzw. in den ersten Minuten des Gesprächs, stelle ich vor allem offene Fragen (W-Fragen).	○	○	○	○	○
Offene Fragen, sogenannte W-Fragen, stelle ich insbesondere zu Beginn des Beratungsgesprächs, um möglichst viele Informationen von dem Kunden zu bekommen.	○	○	○	○	○
Nachdem ich viele Informationen von dem Kunden bekommen habe, verwende ich geschlossene Fragen (z. B. Fragen mit Ja/Nein-Antworten oder Alternativfragen), um eine Auswahl der wichtigsten Themen mit dem Kunden zu treffen.	○	○	○	○	○
Wenn ich mir nicht sicher bin, was der Kunde gemeint hat, verwende ich geschlossene Fragen (z. B. Fragen mit Ja/Nein-Antworten oder Alternativfragen), um ihn besser zu verstehen.	○	○	○	○	○
Geschlossene Fragen (z. B. Fragen mit Ja/Nein-Antworten oder Alternativfragen) verwende ich zum Teil, wenn ich dem Kunden das Produktangebot unterbreite.	○	○	○	○	○

	trifft überhaupt nicht zu	trifft eher nicht zu	weder noch	trifft eher zu	trifft voll und ganz zu
Geschlossene Fragen (z. B. Fragen mit Ja/Nein-Antworten oder Alternativfragen) verwende ich vor allem in der Abschlussphase des Beratungsgesprächs.	○	○	○	○	○
Ich verwende im Gesprächsverlauf systematisch den sogenannten Frage-Trichter, also zu Beginn des Beratungsgesprächs vermehrt offene Fragen (W-Fragen) und zum Ende eher geschlossene Fragen.	○	○	○	○	○

Sprecherwechsel

Bitte beantworten Sie die folgenden Fragen.

Bitte wählen Sie die zutreffende Antwort für jeden Punkt aus:

	trifft überhaupt nicht zu	trifft eher nicht zu	weder noch	trifft eher zu	trifft voll und ganz zu
Am Ende meiner Ausführungen/Erläuterungen senke ich meine Stimme, damit der Kunde weiß, dass er nun sprechen soll.	○	○	○	○	○
Ich füge in das Gespräch gezielt Pausen ein, damit der Kunde die Gelegenheit hat, zu sprechen.	○	○	○	○	○
Ich reduziere bewusst die Lautstärke meiner Stimme, damit der Kunde in das Gespräch einsteigen kann.	○	○	○	○	○
Damit der Kunde spricht, lehne ich mich nach meinen Ausführungen zurück.	○	○	○	○	○
Um den Kunden in das Gespräch zu integrieren, schaue ich ihn direkt an.	○	○	○	○	○
Wenn ich am Ende meiner Ausführungen bin oder wenn der Kunde sprechen soll, schaue ich ihn an.	○	○	○	○	○
Wenn der Kunde spricht, atme ich tief ein, um zu zeigen, dass ich etwas sagen möchte.	○	○	○	○	○
Um das Wort zu ergreifen, beuge ich mich bei Ausführungen des Kunden nach vorne.	○	○	○	○	○

	trifft überhaupt nicht zu	trifft eher nicht zu	weder noch	trifft eher zu	trifft voll und ganz zu
Damit der Kunde erkennt, dass ich etwas sagen möchte, schaue ich ihn intensiv an.	○	○	○	○	○
Wenn ich etwas sagen möchte, nicke ich zustimmend. So erkennt der Kunde, dass ich etwas sagen möchte.	○	○	○	○	○
Wenn ich das Wort ergreifen möchte, räuspere ich mich.	○	○	○	○	○
Ich verwende bewusst Begriffe wie "...also", "nun" etc., um den Kunden in seinen Ausführungen zu unterbrechen und das Wort zu erhalten.	○	○	○	○	○

Paraphrase

Bitte beantworten Sie die folgenden Fragen.

Bitte wählen Sie die zutreffende Antwort für jeden Punkt aus:

	trifft überhaupt nicht zu	trifft eher nicht zu	weder noch	trifft eher zu	trifft voll und ganz zu
Ich wiederhole regelmäßig die Aussagen des Kunden mit meinen eigenen Worten, um sicher zu gehen, dass wir das Gleiche meinen.	○	○	○	○	○
Indem ich die Aussagen des Kunden mit meinen eigenen Worten wiederhole, versuche ich die Themen zu ordnen.	○	○	○	○	○
Durch meine eigene Wiederholung der Aussagen des Kunden setze ich Prioritäten auf die Dinge, die dem Kunden aus meiner Sicht wichtig zu sein scheinen.	○	○	○	○	○
Wenn ich mir nicht sicher bin, ob ich den Kunden richtig verstanden habe, wiederhole ich die Aussagen des Kunden mit meinen eigenen Worten und frage ihn dann, ob ich ihn so richtig verstanden habe.	○	○	○	○	○
Damit ich mich auf den Kunden und seine Aussagen konzentriere, wiederhole ich bewusst die Aussagen des Kunden mit meinen eigenen Worten.	○	○	○	○	○
Wenn ich wissen will, was den Kunden bewegt, wiederhole ich dessen Aussagen mit meinen eigenen Worten und frage ihn, ob das der Grund seines Anliegens ist.	○	○	○	○	○

Redeanteile

Bitte beantworten Sie die folgenden Fragen.

Bitte wählen Sie die zutreffende Antwort für jeden Punkt aus:

	trifft überhaupt nicht zu	trifft eher nicht zu	weder noch	trifft eher zu	trifft voll und ganz zu
Bei Kunden, die viel reden, versuche ich gezielt in ihren Pausen, das Wort zu übernehmen.	O	O	O	O	O
Wenn Kunden eher schweigsam und verschlossen sind, stelle ich viele offene (W-) Fragen, um Informationen von Ihnen zu bekommen.	O	O	O	O	O
Bei Kunden, die verschlossen sind, rede ich mehr als sie, damit ihnen es nicht unangenehm ist.	O	O	O	O	O
Bei manchen Kunden ist es schwer, eigene Themen einzubringen, da die Kunden sehr umfänglich und ausschweifend sprechen.	O	O	O	O	O
Mitunter ergeben sich aus den Stichworten des Kunden so viele Themenbereiche, die ich in einem Gespräch allein nicht alle mit dem Kunden besprechen kann und auch nicht auf alle Fragen und Informationen des Kunden eingehen kann.	O	O	O	O	O

Rollenanforderung

Bitte beantworten Sie die folgenden Fragen.

Bitte wählen Sie die zutreffende Antwort für jeden Punkt aus:

	trifft überhaupt nicht zu	trifft eher nicht zu	weder noch	trifft eher zu	trifft voll und ganz zu
Es gibt Erzählungen von manchen Kunden, die mich nicht interessieren.	○	○	○	○	○
Einigen Kunden sehe ich schon beim Hereinkommen an, dass sie kein Geld haben.	○	○	○	○	○
Einigen Kunden muss ich klar die Richtung zeigen.	○	○	○	○	○
Manche Kunden wissen nicht genau, was sie wollen. Dann entscheide ich für sie.	○	○	○	○	○
Manche Kunden haben eine so einfache Sprache, da fällt es mir schwer, mich auf eine so geringe Stufe zu begeben.	○	○	○	○	○
Einige Kunden verwenden eine Fachsprache oder Fremdwörter, die ich nicht verstehe. Ich frage dann auch nicht nach deren Bedeutung.	○	○	○	○	○
Es fällt mir manchmal schwer, die von den Kunden vorgebrachten Beispiele oder Argumente zu verstehen.	○	○	○	○	○
Manche Situationen von Kunden sind mir unverständlich.	○	○	○	○	○
Es fällt mir teilweise schwer, zu verstehen, in welchen Lebensumständen die Kunden leben.	○	○	○	○	○
Ich kann mich immer in die Kunden hineinversetzen.	○	○	○	○	○

Grundhaltung

Bitte beantworten Sie die folgenden Fragen.

Bitte wählen Sie die zutreffende Antwort für jeden Punkt aus:

	trifft überhaupt nicht zu	trifft eher nicht zu	weder noch	trifft eher zu	trifft voll und ganz zu
Bei manchen Kunden fällt es mir schwer sie zum Reden zu bringen, dann rede ich lieber mehr.	○	○	○	○	○
Manche Kunden sind eher schweigsam, dann rede ich für sie.	○	○	○	○	○
Damit die Kunden einzelne Aspekte besser verstehen, verwende ich gern Beispiele aus meiner eigenen Erfahrung.	○	○	○	○	○
Manche Kunden behandeln mich von oben herab. Da fällt es mir schwer, mich mit ihnen auf Augenhöhe zu bewegen.	○	○	○	○	○
Einige Kunden sind sehr schüchtern und unterwürfig. Das macht mir aber nichts aus.	○	○	○	○	○
Es ist mir bei manchen Kunden schon von vornherein klar, was sie wollen.	○	○	○	○	○
Einige Kunden müssen Themen nur kurz andeuten, dann weiß ich schon, was sie wollen.	○	○	○	○	○

Demographische Variablen

Bitte geben Sie Ihr Geschlecht an.

Bitte wählen Sie nur eine der folgenden Antworten aus:

○ weiblich

○ männlich

Wie alt sind Sie?

Bitte geben Sie Ihre Antwort hier ein:

Bitte ordnen Sie Ihre Gesamtzielerreichung zum 31. Dezember 2016 der entsprechenden Bandbreite (in %) zu.

Bitte wählen Sie die zutreffende Antwort für jeden Punkt aus:

< 50%	50-60%	61-70%	71-80%	81-90%	91-100%	101-110%	111-120%	121-130%	131-140%	141-150%	> 150%
○	○	○	○	○	○	○	○	○	○	○	○

Bitte geben Sie Ihren höchsten Bildungsabschluss an.

Bitte wählen Sie nur eine der folgenden Antworten aus:

○ Hauptschulabschluss

○ Realschulabschluss

○ Abitur

○ Ausbildung/Lehre

○ Aufbauende Weiterbildung

○ FH (Diplom, Bachelor, Master)

○ Uni (Diplom, Bachelor, Master)

○ Promotion

Über wieviel Jahre Berufserfahrung verfügen Sie? *

Bitte geben Sie Ihre Antwort hier ein:

Welche Weiterbildungsmaßnahmen haben Sie bereits getroffen? (Mehrfachantworten möglich) *

Bitte wählen Sie alle zutreffenden Antworten aus:

- ○ Ausbildung
- ○ Sparkassenfachwirt (früher: Kundenberaterlehrgang)
- ○ Sparkassenbetriebswirt (früher: Fachlehrgang)
- ○ Lehrinstitut
- ○ Studium
- ○ Sonstiges:

Vielen Dank für Ihre Teilnahme!

19.09.2017 – 10:21

Übermittlung Ihres ausgefüllten Fragebogens:
Vielen Dank für die Beantwortung des Fragebogens.

Anhang G: Zielsystem

Zielfeld	Gewichtung	Zielwert SOLL 12/17	IST per 03/17	Prognose per 12/17	Zielerreichung	Punkte*
A	30	2.000 T€	225 T€	900 T€	0 %	0
B	25	50 Stück	12 Stück	48 Stück	96 %	24
C	25	30 Stück	15 Stück	60 Stück	175 %	44
D	20	1.500 €	638 €	2.552 €	170 %	34
Gesamt	100					102

* Zielerreichung x Gewichtung

Floor (50 %) und Cap (175 %) vermeiden Anrechnung von „Zufallgeschäften" bzw. Kompensationsmöglichkeit

Gesamtzielerreichungsgrad; ebenfalls mit Cap (150%) und Floor (80 %) versehen

Anhang H: Faktorenanalyse

Hörverstehen

Total Variance Explained									
	Initial Eigenvalues			Extraction Sums of Squared Loadings			Rotation Sums of Squared Loadings		
Component	Total	% of Variance	Cumulative %	Total	% of Variance	Cumulative %	Total	% of Variance	Cumulative %
1	1,780	29,674	29,674	1,780	29,674	29,674	1,592	26,529	26,529
2	1,113	18,554	48,228	1,113	18,554	48,228	1,262	21,031	47,561
3	1,050	17,501	65,729	1,050	17,501	65,729	1,090	18,168	65,729
4	,960	16,002	81,731						
5	,572	9,531	91,262						
6	,524	8,738	100,000						

Extraction Method: Principal Component Analysis.

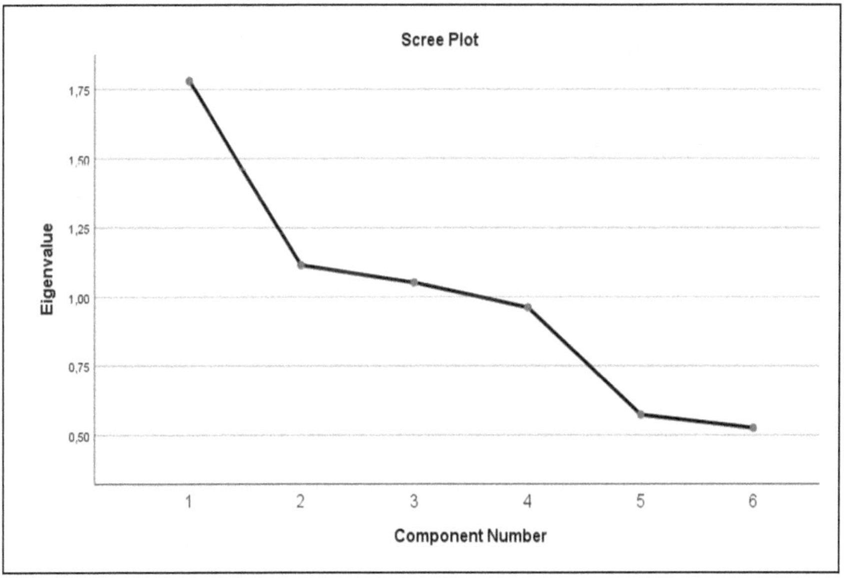

Rotated Component Matrixa

	Component		
	1	2	3
Bei Kindern oder älteren Kunden rede ich gezielt langsamer. Hoerverstehen_2	,736		
Bei Kindern oder älteren Kunden mache ich bewusst kürzere Sätze. Hoerverstehen_4	,726	-,335	
Bei jüngeren Kunden kann ich durchaus schneller reden. Hoerverstehen_3	,699		
Einzelne Aspekte, die mir besonders wichtig sind, wiederhole ich immer wieder, damit der Kunde sie auch versteht. Hoerverstehen_1		,886	
Bei älteren Kunden, konzentriere ich mich auf die wesentlichen Vor- und Nachteile des Produktes. Hoerverstehen_6		,381	,748
Jüngere Kunden verstehen auch kompliziertere Sätze von mir. Hoerverstehen_5			-,689

Extraction Method: Principal Component Analysis.
Rotation Method: Varimax with Kaiser Normalization.
a. Rotation converged in 5 iterations.

Zuhören

Total Variance Explained									
	Initial Eigenvalues			Extraction Sums of Squared Loadings			Rotation Sums of Squared Loadings		
Component	Total	% of Variance	Cumulative %	Total	% of Variance	Cumulative %	Total	% of Variance	Cumulative %
1	2,175	43,501	43,501	2,175	43,501	43,501	1,911	38,215	38,215
2	1,233	24,666	68,166	1,233	24,666	68,166	1,498	29,951	68,166
3	,667	13,349	81,515						
4	,539	10,785	92,299						
5	,385	7,701	100,000						

Extraction Method: Principal Component Analysis.

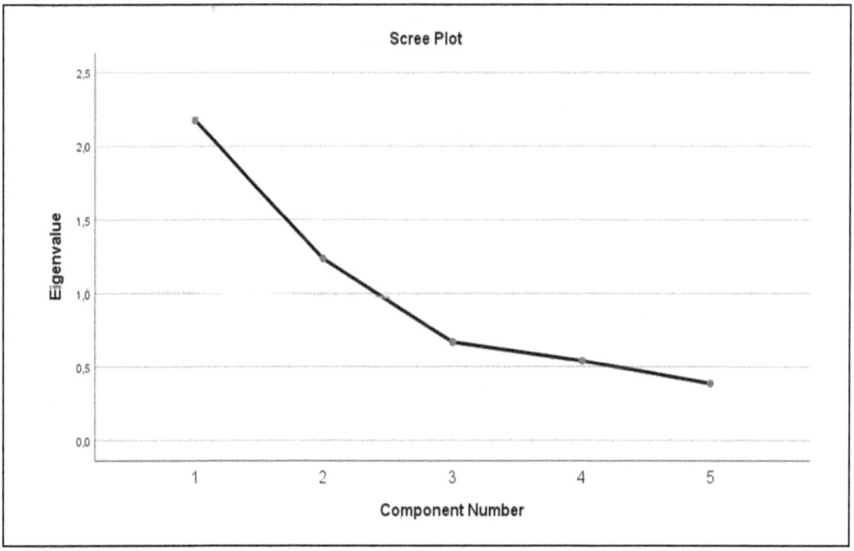

Rotated Component Matrix[a]

	Component 1	Component 2
Ich halte Blickkontakt zum Kunden, wenn er mit mir spricht, um zu zeigen, dass ich ihm zuhöre. Zuhoeren_2	,866	
Ich wende mich dem Kunden mit meinem Oberkörper und Kopf zu, wenn er mit mir spricht, um zu zeigen, dass ich ihm zuhöre. Zuhoeren_3	,836	
Ich nicke regelmäßig, wenn der Kunde zu mir spricht, um zu zeigen, dass ich ihm zuhöre. Zuhoeren_1	,573	,463
Wenn der Kunde spricht, führe ich einzelne Sätze fort, damit er erkennt, dass ich seine Gedanken nachvollziehen kann. Zuhoeren_5		,840
Wenn der Kunde spricht, mache ich Äußerungen wie „Ahja..., Aha..., mmmh..., interessant..." etc., um ihm zu zeigen, dass ich ihm zuhöre. Zuhoeren_4	,329	,758

Extraction Method: Principal Component Analysis.
Rotation Method: Varimax with Kaiser Normalization.

a. Rotation converged in 3 iterations.

Fragetechnik

Total Variance Explained									
	Initial Eigenvalues			Extraction Sums of Squared Loadings			Rotation Sums of Squared Loadings		
Component	Total	% of Variance	Cumulative %	Total	% of Variance	Cumulative %	Total	% of Variance	Cumulative %
1	3,037	43,380	43,380	3,037	43,380	43,380	2,151	30,722	30,722
2	1,016	14,509	57,889	1,016	14,509	57,889	1,902	27,167	57,889
3	,885	12,643	70,532						
4	,631	9,019	79,551						
5	,547	7,817	87,368						
6	,462	6,601	93,969						
7	,422	6,031	100,000						

Extraction Method: Principal Component Analysis.

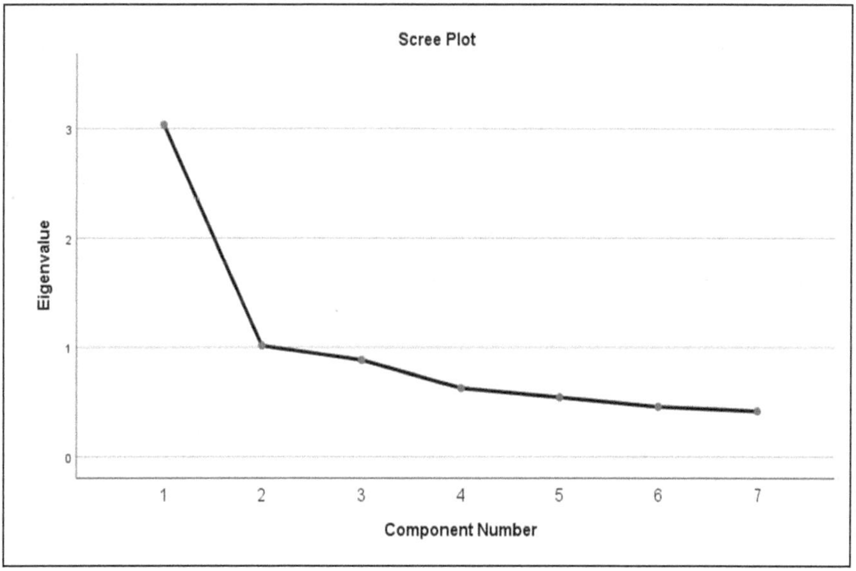

Rotated Component Matrix[a]

	Component	
	1	2
Offene Fragen, sogenannte W-Fragen, stelle ich insbesondere zu Beginn des Beratungsgesprächs, um möglichst viele Informationen von dem Kunden zu bekommen. Fragetechnik01_2	,820	
Wenn ich den Kunden begrüße, bzw. in den ersten Minuten des Gesprächs, stelle ich vor allem offene Fragen (W-Fragen). Fragetechnik01_1	,803	
Ich verwende im Gesprächsverlauf systematisch den sogenannten Frage-Trichter, also zu Beginn des Beratungsgesprächs vermehrt offene Fragen (W-Fragen) und zum Ende eher geschlossene Fragen. Fragetechnik02_5	,597	,435
Geschlossene Fragen (z. B. Fragen mit Ja/Nein-Antworten oder Alternativfragen) verwende ich vor allem in der Abschlussphase des Beratungsgesprächs. Fragetechnik02_4	,584	,389
Geschlossene Fragen (z. B. Fragen mit Ja/Nein-Antworten oder Alternativfragen) verwende ich zum Teil, wenn ich dem Kunden das Produktangebot unterbreite. Fragetechnik02_3		,815
Nachdem ich viele Informationen von dem Kunden bekommen habe, verwende ich geschlossene Fragen (z. B. Fragen mit Ja/Nein-Antworten oder Alternativfragen), um eine Auswahl der wichtigsten Themen mit dem Kunden zu treffen. Fragetechnik02_1	,341	,698
Wenn ich mir nicht sicher bin, was der Kunde gemeint hat, verwende ich geschlossene Fragen (z. B. Fragen mit Ja/Nein-Antworten oder Alternativfragen), um ihn besser zu verstehen. Fragetechnik02_2		,626

Extraction Method: Principal Component Analysis.
Rotation Method: Varimax with Kaiser Normalization.

a. Rotation converged in 3 iterations.

Sprecherwechsel

Total Variance Explained

Component	Initial Eigenvalues			Extraction Sums of Squared Loadings			Rotation Sums of Squared Loadings		
	Total	% of Variance	Cumulative %	Total	% of Variance	Cumulative %	Total	% of Variance	Cumulative %
1	3,583	29,855	29,855	3,583	29,855	29,855	2,104	17,532	17,532
2	1,823	15,189	45,044	1,823	15,189	45,044	2,029	16,905	34,437
3	1,380	11,497	56,540	1,380	11,497	56,540	1,975	16,459	50,896
4	1,030	8,585	65,125	1,030	8,585	65,125	1,707	14,229	65,125
5	,814	6,784	71,909						
6	,685	5,705	77,613						
7	,612	5,097	82,710						
8	,563	4,688	87,398						
9	,499	4,155	91,553						
10	,361	3,010	94,563						
11	,343	2,855	97,418						
12	,310	2,582	100,000						

Extraction Method: Principal Component Analysis.

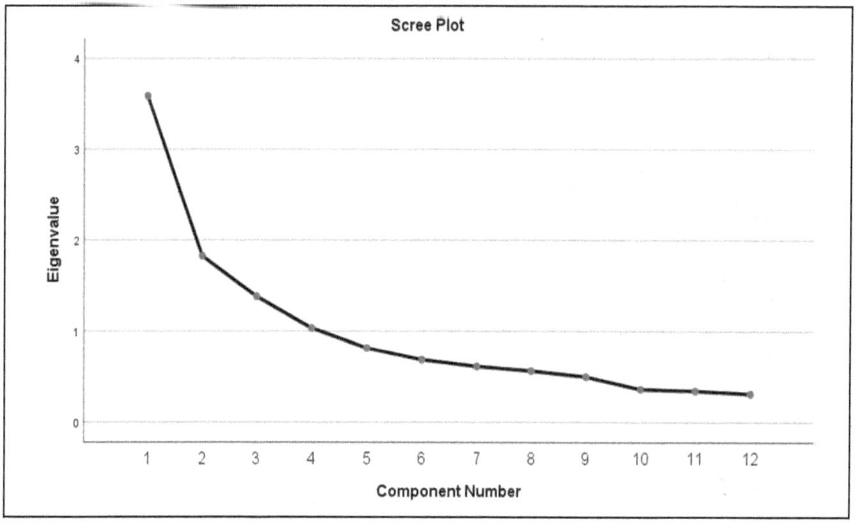

Rotated Component Matrix[a]

	Component			
	1	2	3	4
Um das Wort zu ergreifen, beuge ich mich bei Ausführungen des Kunden nach vorne. Sprecherwechsel02_2	,813			
Damit der Kunde spricht, lehne ich mich nach meinen Ausführungen zurück. Sprecherwechsel01_4	,735			
Wenn der Kunde spricht, atme ich tief ein, um zu zeigen, dass ich etwas sagen möchte. Sprecherwechsel02_1	,604	,513		
Damit der Kunde erkennt, dass ich etwas sagen möchte, schaue ich ihn intensiv an. Sprecherwechsel02_3	,592	,517		
Ich verwende bewusst Begriffe wie "...also", "nun" etc., um den Kunden in seinen Ausführungen zu unterbrechen und das Wort zu erhalten. Sprecherwechsel02_6		,777		
Wenn ich etwas sagen möchte, nicke ich zustimmend. So erkennt der Kunde, dass ich etwas sagen möchte. Sprecherwechsel02_4		,620		
Wenn ich das Wort ergreifen möchte, räuspere ich mich. Sprecherwechsel02_5		,568		
Ich reduziere bewusst die Lautstärke meiner Stimme, damit der Kunde in das Gespräch einsteigen kann. Sprecherwechsel01_3			,822	
Am Ende meiner Ausführungen/Erläuterungen senke ich meine Stimme, damit der Kunde weiß, dass er nun sprechen soll. Sprecherwechsel01_1			,803	
Ich füge in das Gespräch gezielt Pausen ein, damit der Kunde die Gelegenheit hat, zu sprechen. Sprecherwechsel01_2			,730	,339
Um den Kunden in das Gespräch zu integrieren, schaue ich ihn direkt an. Sprecherwechsel01_5				,838
Wenn ich am Ende meiner Ausführungen bin oder wenn der Kunde sprechen soll, schaue ich ihn an. Sprecherwechsel01_6				,811

Extraction Method: Principal Component Analysis.
Rotation Method: Varimax with Kaiser Normalization.

a. Rotation converged in 5 iterations.

Paraphrase

Total Variance Explained						
	Initial Eigenvalues			Extraction Sums of Squared Loadings		
Component	Total	% of Variance	Cumulative %	Total	% of Variance	Cumulative %
1	2,629	43,820	43,820	2,629	43,820	43,820
2	,974	16,238	60,058			
3	,939	15,642	75,701			
4	,642	10,693	86,394			
5	,451	7,520	93,914			
6	,365	6,086	100,000			

Extraction Method: Principal Component Analysis.

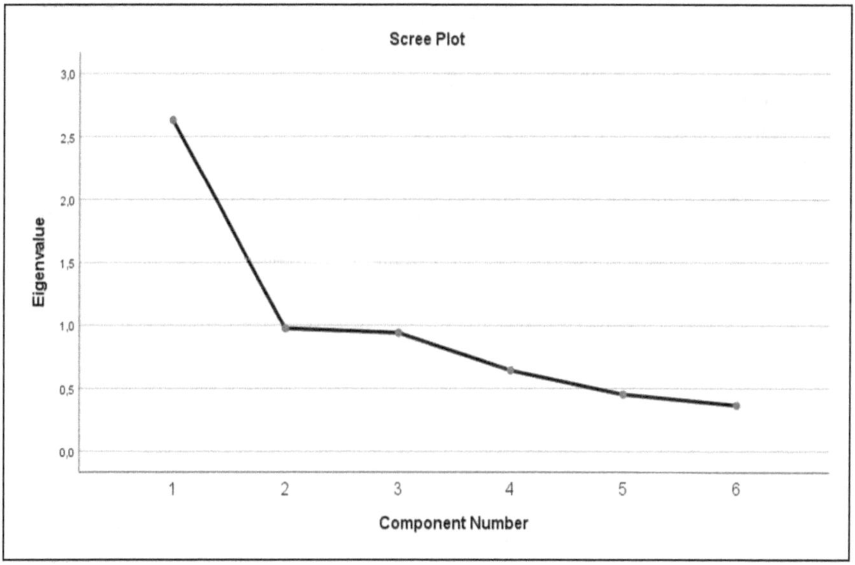

Component Matrix[a]

	Component
	1
Indem ich die Aussagen des Kunden mit meinen eigenen Worten wiederhole, versuche ich die Themen zu ordnen. Paraphrase_2	,780
Ich wiederhole regelmäßig die Aussagen des Kunden mit meinen eigenen Worten, um sicher zu gehen, dass wir das Gleiche meinen. Paraphrase_1	,745
Durch meine eigene Wiederholung der Aussagen des Kunden setze ich Prioritäten auf die Dinge, die dem Kunden aus meiner Sicht wichtig zu sein scheinen. Paraphrase_3	,690
Damit ich mich auf den Kunden und seine Aussagen konzentriere, wiederhole ich bewusst die Aussagen des Kunden mit meinen eigenen Worten. Paraphrase_5	,631
Wenn ich wissen will, was den Kunden bewegt, wiederhole ich dessen Aussagen mit meinen eigenen Worten und frage ihn, ob das der Grund seines Anliegens ist. Paraphrase_6	,619
Wenn ich mir nicht sicher bin, ob ich den Kunden richtig verstanden habe, wiederhole ich die Aussagen des Kunden mit meinen eigenen Worten und frage ihn dann, ob ich ihn so richtig verstanden habe. Paraphrase_4	,457

Extraction Method: Principal Component Analysis.

a. 1 components extracted.

Redeanteile

Total Variance Explained									
	Initial Eigenvalues			Extraction Sums of Squared Loadings			Rotation Sums of Squared Loadings		
Component	Total	% of Variance	Cumulative %	Total	% of Variance	Cumulative %	Total	% of Variance	Cumulative %
1	1,543	30,868	30,868	1,543	30,868	30,868	1,511	30,221	30,221
2	1,208	24,166	55,034	1,208	24,166	55,034	1,241	24,812	55,034
3	,939	18,787	73,820						
4	,737	14,747	88,567						
5	,572	11,433	100,000						

Extraction Method: Principal Component Analysis.

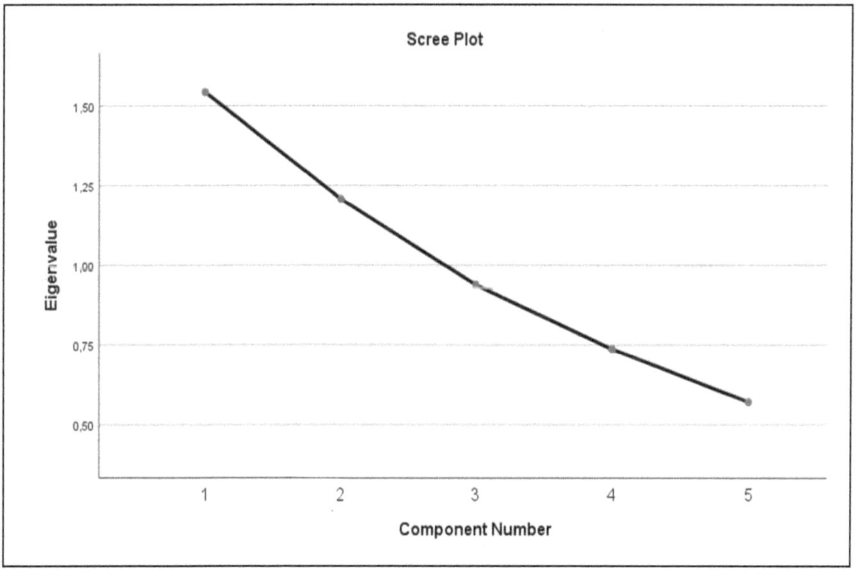

Rotated Component Matrixa

	Component	
	1	**2**
Bei manchen Kunden ist es schwer, eigene Themen einzubringen, da die Kunden sehr umfänglich und ausschweifend sprechen. Redeanteile_4	,739	
Bei Kunden, die verschlossen sind, rede ich mehr als sie, damit ihnen es nicht unangenehm ist. Redeanteile_3	,719	
Mitunter ergeben sich aus den Stichworten des Kunden so viele Themenbereiche, die ich in einem Gespräch allein nicht alle mit dem Kunden besprechen kann und auch nicht auf alle Fragen und Informationen des Kunden eingehen kann. Redeanteile_5	,532	
Wenn Kunden eher schweigsam und verschlossen sind, stelle ich viele offene (W-)Fragen, um Informationen von Ihnen zu bekommen. Redeanteile_2		,836
Bei Kunden, die viel reden, versuche ich gezielt in ihren Pausen, das Wort zu übernehmen. Redeanteile_1	,344	,638

Extraction Method: Principal Component Analysis.
Rotation Method: Varimax with Kaiser Normalization.
a. Rotation converged in 3 iterations.

Rollenanforderung

Total Variance Explained									
	Initial Eigenvalues			Extraction Sums of Squared Loadings			Extraction Sums of Squared Loadings		
Component	Total	% of Variance	Cumulative %	Total	% of Variance	Cumulative %	Total	% of Variance	Cumulative %
1	2,966	29,661	2,966	2,966	2,966	29,661	2,314	23,143	23,143
2	1,589	15,892	1,589	1,589	1,589	45,553	1,926	19,257	42,400
3	1,063	10,633	1,063	1,063	1,063	56,186	1,379	13,786	56,186
4	,895	8,950							
5	,756	7,557							
6	,700	7,001							
7	,658	6,580							
8	,520	5,196							
9	,489	4,889							
10	,364	3,641							

Extraction Method: Principal Component Analysis.

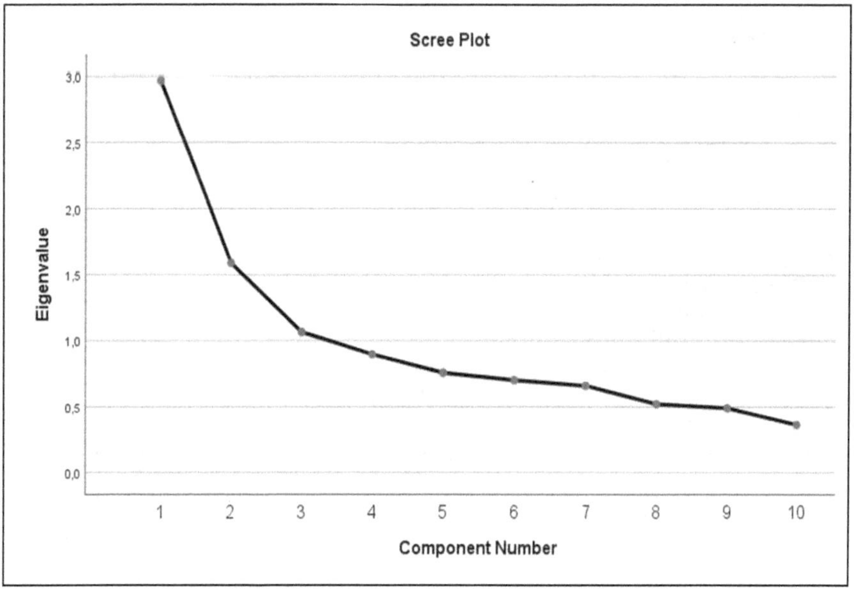

Rotated Component Matrix[a]

	Component 1	Component 2	Component 3
Es fällt mir manchmal schwer, die von den Kunden vorgebrachten Beispiele oder Argumente zu verstehen. Rollenanforderung_7	,768		
Manche Situationen von Kunden sind mir unverständlich. Rollenanforderung_8	,760		
Einige Kunden verwenden eine Fachsprache oder Fremdwörter, die ich nicht verstehe. Ich frage dann auch nicht nach deren Bedeutung. Rollenanforderung_6	,646		
Es fällt mir teilweise schwer, zu verstehen, in welchen Lebensumständen die Kunden leben. Rollenanforderung_9	,613		,360
Es gibt Erzählungen von manchen Kunden, die mich nicht interessieren. Rollenanforderung_1	,517	,376	
Einigen Kunden sehe ich schon beim Hereinkommen an, dass sie kein Geld haben. Rollenanforderung_2		,766	
Einigen Kunden muss ich klar die Richtung zeigen. Rollenanforderung_3		,720	
Manche Kunden wissen nicht genau, was sie wollen. Dann entscheide ich für sie. Rollenanforderung_4		,628	
Ich kann mich immer in die Kunden hineinversetzen. Rollenanforderung_10			-,846
Manche Kunden haben eine so einfache Sprache, da fällt es mir schwer, mich auf eine so geringe Stufe zu begeben. Rollenanforderung_5		,436	,667

Extraction Method: Principal Component Analysis.
Rotation Method: Varimax with Kaiser Normalization.

a. Rotation converged in 5 iterations.

Grundhaltung

Total Variance Explained									
	Initial Eigenvalues			Extraction Sums of Squared Loadings			Extraction Sums of Squared Loadings		
Component	Total	% of Variance	Cumulative %	Total	% of Variance	Cumulative %	Total	% of Variance	Cumulative %
1	2,000	28,570	28,570	2,000	28,570	28,570	1,747	24,952	24,952
2	1,389	19,840	48,410	1,389	19,840	48,410	1,555	22,213	47,166
3	1,158	16,544	64,955	1,158	16,544	64,955	1,245	17,789	64,955
4	,952	13,597	78,552						
5	,740	10,569	89,121						
6	,466	6,653	95,774						
7	,296	4,226	100,000						

Extraction Method: Principal Component Analysis.

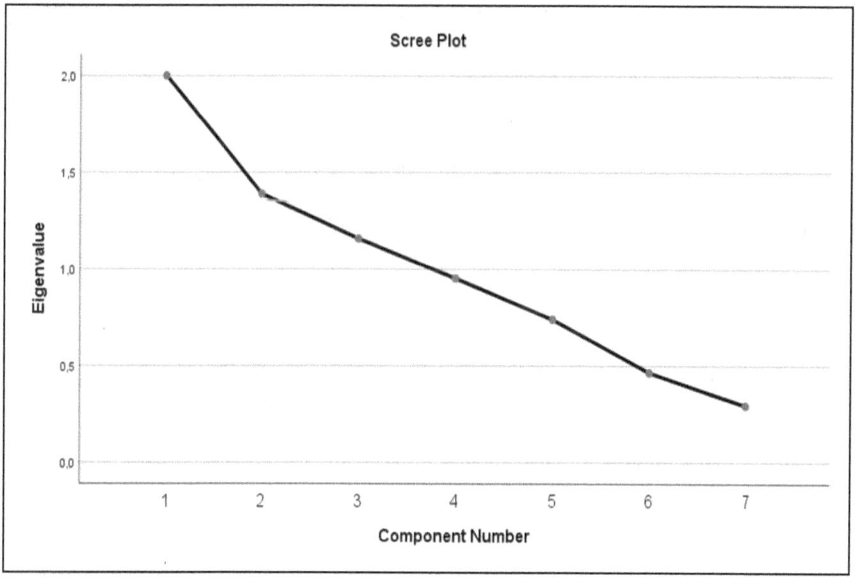

Rotated Component Matrix[a]

	Component		
	1	2	3
Bei manchen Kunden fällt es mir schwer sie zum Reden zu bringen, dann rede ich lieber mehr. Grundhaltung_1	,913		
Manche Kunden sind eher schweigsam, dann rede ich für sie. Grundhaltung_2	,882		
Manche Kunden behandeln mich von oben herab. Da fällt es mir schwer, mich mit ihnen auf Augenhöhe zu bewegen. Grundhaltung_4	,338		
Einige Kunden müssen Themen nur kurz andeuten, dann weiß ich schon, was sie wollen. Grundhaltung_7		,866	
Es ist mir bei manchen Kunden schon von vornherein klar, was sie wollen. Grundhaltung_6		,854	
Damit die Kunden einzelne Aspekte besser verstehen, verwende ich gern Beispiele aus meiner eigenen Erfahrung. Grundhaltung_3			,815
Einige Kunden sind sehr schüchtern und unterwürfig. Das macht mir aber nichts aus. Grundhaltung_5			,709

Extraction Method: Principal Component Analysis.
Rotation Method: Varimax with Kaiser Normalization.

a. Rotation converged in 4 iterations.